Torsten Ermel

Beamte – Was die Adeligen von heute wirklich verdienen

Torsten Ermel

Beamte – Was die Adeligen von heute wirklich verdienen

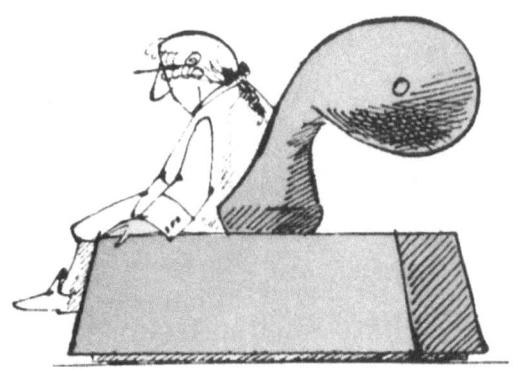

Tectum

Torsten Ermel:
Beamte – Was die Adeligen von heute wirklich verdienen
© Tectum Verlag Marburg, 2016
ISBN: 978-3-8288-3656-3

Umschlagabbildungen: Stempel © UteHil | www.istockphoto.com,
Mann mit Kaffeetasse © Jason York | www.istockphoto.com
Karikaturen im Innenteil: Jules Stauber (1920–2008) – S. 3, 47, 120, Peter Ohrenschall
(geb. 1929) – S. 5, Hermann Kaubisch (1917–2005) – S. 15, 159, 209, Jupp Wolter
(1917–1993) (Künstler), Haus der Geschichte, Bonn – 237, Walter Hanel (1930–)
(Künstler), Haus der Geschichte, Bonn – S. 53, Wir danken den Rechteinhabern
für die Genehmigung des Abdrucks.
Printed in Germany

Alle Rechte vorbehalten
Besuchen Sie uns im Internet
www.tectum-verlag.de

Bibliografische Informationen der Deutschen Nationalbibliothek
Die Deutsche Nationalbibliothek verzeichnet diese Publikation
in der Deutschen Nationalbibliografie; detaillierte bibliografische Angaben sind im
Internet über http://dnb.ddb.de abrufbar.

Alle Tiere sind gleich,
aber manche sind gleicher

GEORGE ORWELL, FARM DER TIERE

Inhalt

Vorwort   11

ERSTER TEIL

Alimentation, Nominal-, Schatten- und Effektiveinkommen   17

Familie, Krankheit und Tod   18

Familienzuschläge   18
   Ehegattenzuschlag 18 – (Kein) Kindergeld 20 – Kinderzuschlag 21 –
   Berechnung des Schatteneinkommens 22

Krankenversicherung und Beihilfe   23
   Undurchsichtige Subventionen 23 – Krankenversicherungsprämien 26 –
   Kostenlose Heilfürsorge 27 – Bessere Leistungen der Beihilfe 27 – Sonderbeitrag
   für Zahnersatz 30 – Vorfinanzierung der Krankheitskosten 31 – Lohnfortzahlung
   im Krankheitsfall 31 – Kürzung der Beihilfe 32 – Voller Beitragssatz für
   Betriebsrentner 33 – Kosten der Beihilfe für den Steuerzahler 34 – Berechnung
   des Schatteneinkommens 35

Pflegeversicherung   35
   Einführung und Beitragsentwicklung 35 – Zusatzbeitrag für Kinderlose 36 –
   Zusätzliche Altersversorgung durch Pflege 37

Sterbegeld   38
   Sterbegeld und Sterbevierteljahr 38 – Sterbegeld bei tödlichen Dienst-/
   Arbeitsunfällen 40 – Berechnung des Schatteneinkommens 41

Berufs-, Erwerbs- und Dienstunfähigkeit   41
   Gesetzliche Unfallversicherung bei Arbeitnehmern 41 – Unfallfürsorge
   bei Beamten 42 – Nicht berufsbedingte Unfälle und Krankheiten bei
   Arbeitnehmern 43 – Nicht dienstbedingte Unfälle und Krankheiten bei
   Beamten 45 – Private Berufsunfähigkeitsversicherung 46 – Berechnung des
   Schatteneinkommens 47

Riesterrente und Riesterfaktor   48
   Die Riesterrente 48 – Höhere Zulage für Beamte 49 – Der »Riesterfaktor« 50

Altersversorgung **54**

Die gesetzliche Rente 54
    Entwicklung 54 – Die Höhe der gesetzlichen Rente 56 – Die Rentenanpassungsformel 58 – Der »Eckrentner« 60 – Der Eckrentner(40) 61 – Beitragsbemessungsgrenze und Höchstrente 62 – Der Nachhaltigkeitsfaktor 62 – Hinzuverdienstgrenzen 64

Die Pension 64
    Berechnung der Pension 64 – Die Mindestpension 67 – Der »Eckbeamte« 68 – Sonderzahlung 70 – Hinzuverdienstgrenzen 70

Altersgrenzen 71
    Regelaltersgrenze 71 – Antragsaltersgrenze 73 – Besondere Altersgrenzen 73

Hochschulausbildungszeiten 78

Kindererziehungszeiten 81

Wehr- und Zivildienst 83

Das Rentenurteil des Bundesverfassungsgerichtes 84
    Das Urteil vom 6. März 2002 84 – Scheingewinnbesteuerung 89 – Doppelbesteuerung 92 – Furchtbare Juristen 93

Rentenkürzungen 96
    Rentenreform 2001 96 – Rentenversicherungs-Nachhaltigkeitsgesetz 2004 98 – Alterseinkünftegesetz 2005 99 – Beiträge zur Kranken- und Pflegeversicherung 101 – Die Auswirkungen 102

Pensionskürzungen 104
    Versorgungsreformgesetz 1998 104 – Versorgungsänderungsgesetz 2001 104 – Versorgungsnachhaltigkeitsgesetz 2005 105 – Beteiligung der Pensionäre an den Pflegekosten 105 – Auswirkungen 106

Vergleich Rente / Pension 107
    Gesetze pro domo 107 – Rentner erster und zweiter Klasse? 109 – Wirkungsgleiche Übernahme? 109 – Hinzuverdienstgrenzen 111 – Beitragsbemessungsgrenze 112

Hinterbliebenenversorgung 112
    Arbeitnehmer und Rentner 112 – Beamte und Pensionäre 113 –

Berechnung des Schatteneinkommens 114

Exkurs: Umlageverfahren und Kapitaldeckung — 114

Betriebsrente — 117

Berechnung des Schatteneinkommens — 118

Arbeitslosenversicherung — **121**

Zur Beitragspflicht 121 – Die Höhe der Arbeitslosigkeit 122 – Die Kosten der Arbeitslosigkeit 124 – kw-Stellen 126 – Berechnung des Schatteneinkommens 129

Einkommensbesteuerung — **130**

Lohn- und Einkommensteuer — 130

Keine Steuer auf das Schatteneinkommen 130 – Sonderausgaben 130 – Außergewöhnliche Belastungen 132 – Versorgungsfreibetrag 134 – Arbeitnehmer-Pauschbetrag und Zuschlag zum Versorgungsfreibetrag 135 – Doppelbesteuerung 137 – Berechnung des Schatteneinkommens 139

Progression und Progressionsvorbehalt — 139

Progressionsvorteil für Beamte 139 – Notwendige Konsequenzen 143

Sonstige Privilegien — **145**

Das Zulageunwesen — 141

Allgemeine Stellenzulage 145 – Stellen-, Amts- und Funktionszulagen 145 – Leistungsprämien und Leistungszulagen 146 – Erschwerniszulagen 146 – Siebtes Besoldungsänderungsgesetz 147 – Berechnung des Schatteneinkommens 148

Altersteilzeit — 148

Die vorschüssige Auszahlung — 150

Kalte Einkommenserhöhungen — 151

Beitragserhöhungen 151 – Leistungskürzungen 153 – Steigende Lebenserwartung 154

Sonstige soziale Wohltaten — 155

Bruttoeinkommen als Verdienstgrenze 155 – Nettoeinkommen als Bemessungsgrundlage 156

ZWEITER TEIL

Vorbemerkungen	159
Bundesbesoldungsordnung A (Bund)	161
Die Schattentabellen	164
Was verdienen die Deutschen?	195
Sind Beamte kostengünstiger als Arbeitnehmer?	197
Qualifikationsvergleich	200
Nominaler Einkommensrückstand von Beamten? 200 – Auszubildende und Beamtenanwärter 200 – Akademiker und höherer Dienst 201 – Mittlere Reife und mittlerer Dienst 203 – Beamte und Quasibeamte 204 – Fazit 205	
Versetzungen	206
Die Lage im Osten	207

DRITTER TEIL   **209**

»Entscheidend ist, was hinten rauskommt« (Helmut Kohl)	211
Öffentliche Meinungsbildung	213
Die Gewerkschaften 213 – Die Kirchen 214 – Legislative und Exekutive 214 – Die dritte Gewalt 215 – Die vierte Gewalt 219 – Die fünfte Gewalt 220	
Ein Vorschlag zur Reform der Sozialversicherung	221
Wer arbeitet, ist der Dumme 221 – Befreiung von den Sozialabgaben 222 – Das bisherige System des Sonderausgabenabzugs 223 – Der Reformvorschlag 223 – Schwarzarbeit 226 – Abstandsgebot und Mindestlöhne 226 – Mini-Jobs 227 – Scheinselbstständigkeit 228 – Finanzierung 228 – Kalte Einkommenssenkung für Beamte 230	
Zusammenfassender Forderungskatalog	230

NACHWORT   **235**

Vorwort

Das Image von Beamten in der Bevölkerung könnte besser sein: Sie gelten als schwerfällig und zu teuer. Der Unmut über die Beamten ist dabei aber oft geprägt von Unkenntnis über die tatsächlichen Verhältnisse. Dieses Buch möchte deshalb den Leser in die Lage versetzen, sich ein realistisches Bild über die finanzielle Situation von Beamten im Verhältnis zu Arbeitnehmern machen zu können. Auf diese Weise soll zum Abbau von Vorurteilen beigetragen werden.

Verdienen Beamte zu viel? Das kommt darauf an, welchen Maßstab man anlegt. Im Vergleich zu Schlagersängern etwa oder Spitzensportlern verdienen Beamte nicht zu viel, sondern zu wenig. Doch der Vergleich mit Stars und Sternchen führt nicht weiter. Sinnvoll kann die Frage nur beantwortet werden, wenn als Vergleichsmaßstab »normale« Arbeitnehmer herangezogen werden.

Das Bundesverfassungsgericht hat mehrfach entschieden, dass das Netto-Einkommensniveau der privatrechtlich beschäftigten Arbeitnehmer Bezugsmaßstab für die Angemessenheit der Beamtenbesoldung ist (2 BvR 1387/02). Der Begriff Besoldung ist dabei im weitesten Sinne zu verstehen, er umfasst sämtliche Alimentations- und Fürsorgeleistungen.

Maßgebliche Bestimmungsfaktoren für die Angemessenheit der Alimentierung von Beamten sind die Einkommen, die für vergleichbare und auf der Grundlage vergleichbarer Ausbildungen für Tätigkeiten außerhalb des öffentlichen Dienstes erzielt werden (2 BvR 556/04; 2 BvR 1715/03).

Es leuchtet unmittelbar ein, dass Beamte so viel verdienen sollen, wie sie es für vergleichbare Tätigkeiten auch außerhalb des öffentlichen Dienstes könnten. Aber wie sieht die Realität aus? Wie viel verdienen Beamte effektiv? Hält die Praxis das, was das Grundgesetz verspricht? Diese Fragen werden auf den folgenden Seiten auf der Grundlage der Lebenswirklichkeit geprüft und beantwortet. Es handelt sich dabei um die aktualisisierte und überarbeitete Fassung des Buches »Faktor 2 – Was Beamte wirklich verdienen«, Diamant-Verlag, Bielefeld 2009.

Im ersten Teil wird der Begriff des Schatteneinkommens erläutert, und es werden die wesentlichen Beamtenprivilegien im Einzelnen beschrieben und im Vergleich zur Situation der Arbeitnehmer dargestellt. Den Schwerpunkt bildet dabei die Altersversorgung. Darüber hinaus wird auch auf die Kranken-, Pflege-, Unfall- und Arbeitslosenversicherung eingegangen, auf die Besteuerung, das Kindergeld und andere soziale Leistungen, das Zulagewesen und auf den Auszahlungstermin der Besoldung. Jeweils zum Schluss eines Kapitels wird erläutert, wie sich die dargestellten Privilegien auf die effektive Höhe des Beamteneinkommens auswirken.

Das Kernstück bildet dann der zweite Teil: Ausgehend von der offiziellen Besoldungstabelle für die Bundesbeamten ab dem 1. März 2015 werden die Schatteneinkommen und die Effektiveinkommen für die Besoldungsgruppen A2 bis A16 im Einzelnen dargestellt. Die Berechnungen bauen dabei auf den im ersten Teil gefundenen

Ergebnissen auf. Im Anschluss an die Schattentabellen werden die gefundenen Beamteneinkommen mit den deutschen Durchschnittseinkommen verglichen. Es wird gefragt, ob die hohen Schatteneinkommen vielleicht deshalb gerechtfertigt sind, weil die Nominaleinkommen der Beamten entsprechend niedrig sind oder weil sie den angeblichen Nachteil gegenüber Arbeitnehmern haben, dass sie von ihrem Dienstherren an eine andere Dienststelle versetzt werden dürfen. Schließlich wird noch auf die Frage eingegangen, ob die Beschäftigung von Beamten danach teurer oder kostengünstiger ist als die Beschäftigung von Arbeitnehmern. In einem gesonderten Kapitel wird auf die Situation in den neuen Ländern eingegangen.

Der dritte Teil reflektiert die gefundenen Ergebnisse. Die anfangs aufgeworfene Frage, ob die Beamteneinkommen »angemessen« sind im Vergleich zu den Arbeitnehmereinkommen, kann beantwortet und der entscheidende Systemfehler benannt werden. Es wird untersucht, warum im Prozess der öffentlichen Meinungsbildung die Beamtenprivilegien so selten thematisiert werden. Und schließlich wird ein Reformvorschlag unterbreitet, dessen Umsetzung sogar dann zu mehr Gerechtigkeit führt, wenn der Beamtenstatus ansonsten unangetastet bleibt. In einem Katalog werden dann noch einmal die notwendigen Veränderungen zusammengestellt.

Alle Zahlenangaben beziehen sich, wenn nichts anderes gesagt ist, auf die alten Bundesländer und auf Bundesbeamte.

Trotz aller Ungerechtigkeiten und Absurditäten, von denen Sie lesen werden, ist Beamtenbashing nicht der Zweck dieses Buches. Denn: Es geht nicht um Neid – es geht um Gerechtigkeit.

ERSTER TEIL

Alimentation, Nominal-, Schatten- und Effektiveinkommen

Arbeitnehmer erhalten für ihre Arbeitsleistung Lohn oder Gehalt. Beamte werden dagegen alimentiert. Sie werden nicht für ihre Arbeit bezahlt, sondern dafür, dass sie unserem Gemeinwesen »mit vollem persönlichen Einsatz« dienen. Die Höhe ihrer Alimentation muss »amtsangemessen« sein. Das Recht auf Alimentation ist durch Artikel 33 des Grundgesetzes geschützt. Danach ist die Alimentation nach den »hergebrachten Grundsätzen« des Berufsbeamtentums zu regeln.

Die Alimentationsleistungen bestehen vorwiegend in sozialer Absicherung des Beamten in jeder Lebenslage. Diese soziale Sicherheit ist aber eben auch Geld wert. Man kann ihren Wert in Euro und in Prozent von der Besoldung ausdrücken.

In den Schattentabellen des zweiten Teils werden deshalb die Begriffe Nominal-, Schatten- und Effektiveinkommen unterschieden. Bei dem Nominaleinkommen handelt es sich um die »nackte« Besoldung, die der Beamte aufgrund seiner Einstufung erhält.

Tatsächlich verdient er jedoch wesentlich mehr. Denn zahlreiche Einkommensbestandteile werden offiziell gar nicht ausgewiesen. Es handelt sich dabei um die Leistungen für die soziale Sicherheit des Beamten und seiner Familie, die Alimentationsleistungen. Diese Einkommensbestandteile werden deshalb als Schatteneinkommen bezeichnet und in den Schattentabellen zu dem Nominaleinkommen addiert.

Es ergibt sich das Effektiveinkommen als Summe aus Nominal- und Schatteneinkommen. In welcher Weise die einzelnen Alimentationsleistungen in die Ermittlung des Schatteneinkommens einfließen, das ist jeweils am Schluss der einzelnen Kapitel des ersten Teils erläutert.

Familie, Krankheit und Tod

Familienzuschläge

Ehegattenzuschlag

Verheiratete Beamte werden, ebenso wie verheiratete Arbeitnehmer, steuerlich nicht nach der Grundtabelle veranlagt, sondern nach der günstigeren Splittingtabelle. Insoweit werden alle gleich behandelt. Verheiratete Beamte haben aber darüber hinaus ein Privileg: Den Ehegattenzuschlag. Ein verheirateter Beamter bekommt zusätzlich zu seiner Besoldung noch einen Zuschlag, einfach für das Verheiratetsein. Der Zuschlag ist nach dem Dienstgrad gestaffelt. Er beträgt im einfachen und mittleren Dienst 127 €, und im gehobenen und höheren Dienst 133 € im Monat. Diese Beträge sind dann aber noch zu versteuern.

Der Grund dafür ist, dass nicht nur der Beamte selbst alimentiert wird, sondern seine ganze Familie. Der verheiratete Beamte soll genauso gut dastehen wie der ledige. Auch derjenige Beamte, der einen armen Ehepartner versorgen muss, soll deshalb immer noch »amtsangemessen« leben können.

Nun wird allerdings gar nicht geprüft, ob der Ehepartner nicht vielleicht eine gute Partie ist und für sich selbst sorgen kann. Den Ehegattenzuschlag erhält jeder. Sogar dann, wenn beide Ehegatten verbeamtet sind, erhalten sie den Zuschlag, jeder allerdings nur zur Hälfte. Obwohl also beide Ehegatten schon durch ihre eigene Besoldung alimentiert werden, gibt es noch den Zuschlag, der in diesem Fall ja überhaupt nicht mehr begründet werden kann.

Im Laufe eines Beamtenlebens kommen auf diese Weise erhebliche Summen zusammen. Für einen mittleren Beamten, der im Monat 127 € erhält (bzw. 88 € als Pensionär), ergeben sich nach 40 Jahren aktiver Tätigkeit und 20 Jahren Ruhestand insgesamt 82.080 €

(brutto). Ein durchschnittlich verdienender Arbeitnehmer muss dafür fast zwei Jahre lang Vollzeit arbeiten.

Auch verwitwete Beamte bekommen weiterhin den Ehegattenzuschlag. Er soll sie wohl über den Tod des Partners hinwegtrösten (oder zur Bezahlung der Grabpflege dienen?). Ein Beamter, der beispielsweise schon mit 40 Jahren Witwer wird, bekommt bis zu seinem eigenen Dahinscheiden, 40 oder 50 Jahre später, Monat für Monat den Zuschlag. Sachlich ist das durch Nichts zu rechtfertigen.

Den Ehegattenzuschlag bekommen auch geschiedene Beamte, wenn sie unterhaltspflichtig sind. Wenn nun aber ein geschiedener Beamter wieder heiratet und die aktuelle und die ehemalige Ehepartnerin versorgen muss, bekommt er den Zuschlag nicht zweifach, sondern auch nur einmal. Das ist ein glatter Verstoß gegen das Alimentationsprinzip. Ein Beamter, der mehrfach verheiratet war, steht sich schlechter als ein Standhafter. Den Kinderzuschlag gibt es ja auch pro Kind. Den Ehegattenzuschlag gibt es jedoch nicht pro Frau, sondern nur einmal. Ebenso könnte man die Kinderzuschläge auf höchstens zwei begrenzen, der Rest ist dann Privatsache.

Auch ledige Beamte, die vor dem 1.1.1936 geboren wurden, erhalten aufgrund einer Übergangsregelung den Ehegattenzuschlag. Dieser Unsinn läuft zwar irgendwann aus, wird uns aber noch mindestens für die nächsten 20 Jahre belasten.

Das System ist in sich widersprüchlich, und es ist ungerecht gegenüber Nicht-Beamten. Dabei ließe sich Gerechtigkeit leicht herstellen: Entweder zahlt der Staat allen Bürgern diese Zuschläge. Oder die Grundbesoldung der Beamten wird so abgesenkt, dass sie im Endeffekt, mit den Zuschlägen, das gleiche Einkommen erzielen wie Nicht-Beamte.

(Kein) Kindergeld

In Deutschland ist das Existenzminimum von Kindern, ebenso wie das von Erwachsenen, steuerfrei. Der Freibetrag für Erwachsene beträgt 8.652 € pro Person (Grundfreibetrag), der Freibetrag pro Kind beträgt 7.248 €. Alternativ zum Kinderfreibetrag gibt es das Kindergeld in Höhe von 2.280 € im Jahr für das erste und zweite Kind, 2.352 € für das dritte Kind und 2.652 € ab dem vierten Kind. Das Finanzamt prüft bei der Einkommensteuerveranlagung, ob das Kindergeld oder der Kinderfreibetrag günstiger ist. Bis zu einem persönlichen Steuersatz von 32 % ist das Kindergeld günstiger, bei höheren Steuersätzen der Kinderfreibetrag.

Das Kindergeld ist rein rechtlich gesehen eine Steuervergütung. Seine Aufgabe ist es, das Existenzminimum des Kindes steuerfrei zu stellen. Nur bei niedrigen und mittleren Einkommen, bei denen der Steuersatz unter 32 % liegt, ist das Kindergeld höher, als es eigentlich zur Freistellung des Existenzminimums erforderlich ist. Der überschießende Teil dient dann der Förderung der Familie. Bei höheren Einkommen, mit Steuersätzen über 32 %, gibt es keinen Förderanteil mehr. Es wird nur noch das Existenzminimum freigestellt.

Das heißt, dass es ein eigentliches »Kindergeld« in Deutschland nicht gibt. Die Bezeichnung ist irreführend. Es handelt sich ganz überwiegend nur um eine Erstattung von zu viel gezahlten Steuern. Es ist eine Selbstverständlichkeit, dass das Existenzminimum von Kindern steuerfrei ist. Das ist keine besondere soziale Leistung des Staates. Bei der Berechnung der familienpolitischen Leistungen darf das »Kindergeld« deshalb nicht mitgerechnet werden.

Kinderzuschlag

Während der Normalbürger also nur zu viel gezahlte Steuern erstattet bekommt unter der irreführenden Bezeichnung Kindergeld, erhalten Beamte ein wirkliches Kindergeld, nämlich einen Zuschlag zu ihrer Besoldung, den Kinderzuschlag.

Der Kinderzuschlag beträgt 111 € für das erste und für das zweite Kind und 347 € für das dritte und jedes weitere Kind. Für Beamte im einfachen Dienst gibt es darüber hinaus noch zusätzliche Erhöhungsbeträge. Der Kinderzuschlag ist an das Kindergeld gekoppelt. Fällt das Kindergeld weg, fällt damit auch der Kinderzuschlag weg.

Mit dem Dienstrechtsneuordnungsgesetz vom 12. November 2008 wurden die Zuschläge für das dritte und jedes weitere Kind um 50 € erhöht. Zusammen mit den inzwischen eingetretenen jährlichen prozentualen Erhöhungen gab es daher damals 305 € statt 250 € (heute 347 €, vgl. o.).

Die Erhöhung um 50 € im Monat galt dabei ungewöhnlicherweise nicht seit Inkrafttreten des Gesetzes ab Januar 2009, sondern *rückwirkend* ab Januar 2007. Beamte mit drei und mehr Kindern erhielten die Differenz für zwei Jahre nachgezahlt.

Insgesamt erhält beispielsweise ein Beamter mit zwei Kindern einen monatlichen Zuschlag in Höhe von 222 €. Ein Beamter mit vier Kindern erhält einen Zuschlag in Höhe von 916 € im Monat (nur für die Kinder, ohne den Ehegattenzuschlag). Und diese Zuschläge werden nicht statt des regulären Kindergeldes gezahlt, sondern zusätzlich. Immerhin sind sie aber nicht steuerfrei, sondern müssen versteuert werden.

Für einen Beamten im mittleren Dienst mit drei Kindern summieren sich die Kinderzuschläge im Laufe von 25 Jahren auf 170.700 €. Zusammen mit dem oben bereits berechneten Ehegattenzuschlag von 82.080 € sind das insgesamt Familienzuschläge in Höhe von 252.780 €. Das entspricht für den Durchschnittsverdiener in Vollzeit der Arbeitsleistung von fünfeinhalb Jahren.

Die Frage muss erlaubt sein, weshalb die Steuer zahlenden Nicht-Beamten, Handwerker und Buchhalter und Hilfsarbeiter, den Beamten eigentlich so viel Geld schenken, für nichts? Denn einen legitimen Anspruch auf die Familienzuschläge scheint es nicht zu geben.

Der Grund dafür, dass Kinderzuschläge gezahlt werden, liegt in den »hergebrachten Grundsätzen« des Beamtentums, also wieder einmal im Alimentationsprinzip. Ein Beamter mit Kindern soll nicht schlechter leben als ein Beamter ohne Kinder. Wenn die Familie größer wird, soll dadurch der Lebensstandard nicht übermäßig sinken.

Der Grundgedanke hinter dem Kinderzuschlag ist also schon sehr sozial. Es ist aber durch nichts zu rechtfertigen, wenn der Staat diese soziale Leistung nur einem Teil der Bevölkerung gewährt, den Beamten, und nicht allen Bürgern. Deshalb muss gefordert werden, dass entweder alle Eltern den Kinderzuschlag erhalten, oder dass er auch für Beamte gestrichen wird.

Der Wächterrat hat dagegen zum Thema Kinderzuschläge für Beamte in seinem Urteil vom 24. November 1998 festgestellt, dass die Kinderzuschläge nicht als Privileg anzusehen sind (BVerfGE 99, 300). Urteilen Sie selbst!

Berechnung des Schatteneinkommens

Für den verheirateten Beamten mit drei Kindern werden in den Schattentabellen die Familienzuschläge angesetzt, die sie aufgrund ihrer Besoldungsstufe erhalten. Für verheiratete Beamte mit drei

Kindern im mittleren Dienst sind das 707 € brutto, für diejenigen im gehobenen und höheren Dienst sind es 713 € brutto. Bei den einfachen Beamten werden die Familienzuschläge aufgrund der unterschiedlichen Erhöhungsbeträge für jede Besoldungsstufe individuell errechnet.

Allerdings handelt es sich bei den Familienzuschlägen um Bruttobeträge, in den Schattentabellen werden jedoch Nettowerte angesetzt. Deshalb wird die auf die Familienzuschläge entfallende Einkommensteuer jeweils individuell für jede Besoldungsstufe herausgerechnet. Somit ist sichergestellt, dass tatsächlich nur die Netto-Familienzuschläge in die Berechnungen einfließen.

Für die spätere Berechnung des Pensions-Zuschlags ist noch zu berücksichtigen, dass der Ehegattenzuschlag auch die Pension entsprechend erhöht. Die Kinderzuschläge erhöhen die Pension in der Regel nicht, weil sie zum Zeitpunkt des Eintritts in den Ruhestand in den meisten Fällen nicht mehr gewährt werden.

Das Schatteneinkommen für die Pension bezieht sich deshalb auf die Bruttobesoldung zuzüglich des Brutto-Ehegattenzuschlags.

Krankenversicherung und Beihilfe

Undurchsichtige Subventionen

Die Krankheitskosten von Beamten werden zu 50 % bis 80 % als sogenannte Beihilfe vom Steuerzahler getragen. Lediglich gegen das Restrisiko in Höhe von 20 % bis 50 % der Krankheitskosten muss der Beamte sich privat versichern.

Gegen die Existenz von privaten Krankenversicherungen ist grundsätzlich nichts einzuwenden. Aber es muss einen fairen Wettbewerb geben. Die Mitglieder der gesetzlichen Krankenkassen dürfen die

Privaten nicht subventionieren. Die derzeitige Rechtslage benachteiligt die gesetzlich Krankenversicherten, das sind überwiegend Arbeitnehmer, deren Einkommen unter der Beitragsbemessungsgrenze liegt, jedoch mehrfach:

Erstens, weil Beamte sich, unabhängig vom Einkommen, privat versichern dürfen, und es in aller Regel dann auch tun, weil es günstiger für sie ist. Die Privatkassen verfügen damit über eine hohe Zahl zahlungskräftiger Mitglieder, die niemals arbeitslos werden und niemals Sozialfälle. Die Mühseligen und Beladenen müssen von den gesetzlichen Kassen durchgeschleppt werden. Wenn dagegen auch Beamte, die weniger als die Beitragsbemessungsgrenze verdienen, pflichtversichert in den gesetzlichen Kassen wären, könnten deren Beiträge, aufgrund der dann günstigeren Mitgliederstruktur, gesenkt werden.

Und zweitens knöpfen Ärzte Privatversicherten in der Regel das 2,3-fache dessen ab, was sie gesetzlich Versicherten berechnen. Die Behandlung Privatversicherter ist also teurer. Die Beihilfe jedoch, die 50 % bis 80 % der Krankheitskosten von Beamten übernimmt, wird aus Steuermitteln finanziert, und damit ganz überwiegend von den pflichtversicherten Arbeitnehmern. Arbeitnehmer werden hier im Vergleich zu Beamten also doppelt geschröpft. Wenn die ärztliche Behandlung eines Arbeitnehmers 100 € kostet, so kostet die gleiche Behandlung für den Beamten 230 €. Anders formuliert: Jedes Mal, wenn ein Beamter sich behandeln lässt, legt der Steuerzahler auf die Behandlungskosten noch einmal 130 % oben drauf.

Nochmals andersherum gerechnet: Die Krankheitskosten für Beamte, für den Steuerzahler, würden um 57 % sinken, wenn es die Beihilfe nicht gäbe und Ärzte auch für Beamte nur den einfachen Gebührensatz abrechnen dürften.

Wenn es erforderlich ist, Ärzte zu subventionieren, dann sollte das offen und transparent geschehen, durch direkte Einkommenszuschüsse, aber nicht klammheimlich über das Beihilferecht.

Solche undurchsichtigen Quersubventionierungen müssen abgeschafft werden. Deshalb ist zu fordern, dass erstens auch Beamte mit einem Einkommen unter der Beitragsbemessungsgrenze gesetzlich pflichtversichert sind (das wäre auch kein Verstoß gegen die »hergebrachten Grundsätze« des Beamtentums und ohne Verfassungsänderung möglich), und dass die Beihilfe auch nur die Gebührensätze zahlt, die die gesetzlichen Krankenkassen für ihre Versicherten zahlen. Diese Maßnahmen wären einfach, unbürokratisch, gerecht und würden zu erheblichen Einsparungen führen.

Wie absurd diese Subventionierung ist, wird einem klar, wenn man sich auf ein Gedankenexperiment einlässt: Angenommen, Ärzte dürften bei Beamten, allgemein bei Privatpatienten, nicht den 2,3fachen Gebührensatz abrechnen, sondern nur den einfachen Satz wie bei Kassenpatienten – würde auch nur irgendjemand dieses als falsch empfinden, als einen Mangel, einen Fehler im System, den man beseitigen muss? Nein. Wer in einer solchen Situation vorschlagen würde, dass die Behandlungskosten für Beamte erhöht werden sollen, der würde bestenfalls ignoriert werden.

Und auch in der jetzigen Ist-Situation fordert ja niemand, dass der Gebührensatz für Privatversicherte vom 2,3fachen erhöht werden soll, auf das 2,7fache etwa oder auf das Vierfache. Solche Forderungen wären aus der Luft gegriffen und hätten keine Grundlage.

Warum aber sollte ausgerechnet der 2,3fache Satz der »richtige« sein? Dieser Satz ist historisch so gewachsen, das ist seine einzige Rechtfertigung. Aber alte Zöpfe kann man – und muss man dann auch – abschneiden, wenn sie für die Gesamtgesellschaft nur mit Nachteilen verbunden sind. Und die Subventionierung von Ärzten,

Beamten und privaten Krankenkassen durch die Arbeitnehmer ist ein schwerwiegender Mangel in unserem Gesundheitssystem.

Ganze Kliniken, ganze Bäder leben vom Beihilferecht. Sie haben sich auf Beamte spezialisiert und bieten ihnen maßgeschneiderte, beihilfekonforme Programme an. Wenn es das Beihilferecht nicht mehr gibt, dann werden diese Kliniken und Bäder ernste Probleme bekommen, einige werden sterben. Aber wäre das ein Schade? Nein, das wäre es nicht. Denn es ist keine Aufgabe der Allgemeinheit, unwirtschaftliche Strukturen am Leben zu erhalten.

Krankenversicherungsprämien

Die Beihilfe für Beamte ist Ländersache. Die Regelungen unterscheiden sich deshalb von Bundesland zu Bundesland in den Details. In einigen Ländern sind die Vorschriften eher rigide, in anderen eher großzügig. Aber grundsätzlich gilt: Der Beamte als Beihilfeberechtigter selbst erhält 50 % seiner Krankheitskosten ersetzt, der Ehegatte in der Regel 70 %, die Kinder 80 %. Ab zwei Kindern erhöht sich der Beihilfesatz für den Beihilfeberechtigten selbst von 50 % auf 70 %. Der Beihilfesatz für Pensionäre beträgt 70 %.

Arbeitnehmer und Rentner zahlen dagegen inzwischen unter Berücksichtigung des individuellen Zusatzbeitrages der gesetzlichen Krankenkassen 53 % der Beiträge aus eigener Tasche; der Arbeitgeber zahlt 47 %.

Die prozentualen Anteile an den Krankheitskosten, die Arbeitnehmer und Rentner sowie Beamte und Pensionäre zu zahlen haben, unterscheiden sich stark. Diese Ungleichbehandlung lässt sich nicht rechtfertigen. Eine Harmonisierung ist dringend erforderlich.

Kostenlose Heilfürsorge

Im Bund und in den meisten Bundesländern erhalten Polizisten keine Beihilfe, sondern eine andere Unterstützung: die freie Heilfürsorge. Bei Soldaten heißt sie truppenärztliche Versorgung. Diese Unterstützungsleistungen im Krankheitsfall betragen nicht 50 oder 70 % wie bei der Beihilfe, sondern 100 %. Bei Berufskrankheiten und Dienstunfällen ist das nachvollziehbar; die 100 % werden aber auch gezahlt bei Unfällen und Krankheiten, die der Beamte im privaten Bereich erleidet. Sein Eigenanteil ist null.

Die kostenlose Heilfürsorge lässt sich ebenfalls nicht rechtfertigen. Sie muss abgeschafft werden. Möglich ist das: In Niedersachsen, Hessen, Rheinland-Pfalz, Berlin, Thüringen, Brandenburg und dem Saarland wurde die Heilfürsorge bereits gestrichen. Auch für Polizisten gelten dort nun die Beihilfevorschriften wie für alle Beamten. Für den Eigenanteil der Krankheitskosten, der von der Beihilfe nicht abgedeckt wird, müssen sie sich nun selbst privat versichern. Der Bund und die übrigen Bundesländer sind nun aufgefordert, diesen Beispielen zu folgen.

Bessere Leistungen der Beihilfe

Arbeitnehmer sind gesetzlich pflichtversichert, wenn sie weniger als 50.850 € im Jahr verdienen. Wer in einer gesetzlichen Krankenkasse pflichtversichert ist und mehr als diese 50.850 € (Beitragsbemessungsgrenze) verdient, darf dennoch erst in die private Krankenversicherung wechseln, wenn er länger als ein Jahr lang mehr als 56.250 € (Versicherungspflichtgrenze) verdient.

Für Beamte gelten diese Grenzen nicht. Beamte sind nicht verpflichtet, sich in einer gesetzlichen Krankenkasse zu versichern. Sie dürfen sich unabhängig von Einkommensgrenzen privat versichern. Sie dürfen sich aber auch gesetzlich versichern, wenn sie es denn wollen. Tatsächlich sind Beamte jedoch praktisch alle privat versichert. Das Wahlrecht, sich auch gesetzlich versichern zu dürfen, nimmt kaum jemand in Anspruch, denn die Beiträge in der privaten Versicherung sind durchweg günstiger und die Leistungen besser als in der gesetzlichen Versicherung.

50 % bis 80 % der Krankheitskosten von Beamten werden jedoch von der Beihilfe gezahlt, also vom Steuerzahler. Der Beamte muss nur noch das Restrisiko in Höhe von 20 % bis 50 % selbst absichern. Wenn der Beihilfesatz 50 % beträgt, entspricht das theoretisch dem Arbeitgeberanteil, den Arbeitnehmer zu ihrer Krankenversicherung bekommen. Allerdings beträgt der Beihilfesatz eben häufig gar nicht 50 %, sondern bis zu 80 %, bei der Heilfürsorge sogar 100 %. Und andererseits beträgt der Arbeitgeberanteil an der Krankenversicherung des Arbeitnehmers seit einiger Zeit tatsächlich nicht mehr 50 %, sondern nur noch etwa 47 %, da der individuelle Zusatzbeitrag der Krankenkassen alleine von den Arbeitnehmern getragen wird.

Dazu kommt noch, dass die Beiträge zu den privaten Krankenversicherungen deutlich günstiger sind als diejenigen zu den gesetzlichen. Das liegt daran, dass die Mühseligen und Beladenen, diejenigen, die wirklich Geld kosten und wenig einzahlen, keine Chance haben, sich privat zu versichern. Sie »belasten« die gesetzlichen Krankenkassen und ihre Mitglieder, die Arbeitnehmer. Diese »Problemfälle« werden also von den Nicht-Beamten mit durchgezogen. Die Beamten in der Privatversicherung sind fein raus. Es ist also ein handfester finanzieller Vorteil, privat versichert zu sein. Kosten, die eigentlich von der Allgemeinheit getragen werden müssten, werden nur von einem Teil der Bevölkerung bezahlt, eben von den Nicht-Beamten.

Für Arbeitnehmer und Rentner beträgt der Krankenkassenbeitragssatz ab Januar 2015 15,5 %, davon zahlt der Arbeitgeber bzw. die Rentenkasse 7,3 %. Ein Durchschnittsverdiener mit einem

Bruttogehalt in Höhe von 3.500 € trägt damit eine Beitragslast von 543 €, davon zahlt 255 € der Arbeitgeber, sein Eigenanteil beträgt also 292 €. Beamte zahlen im Durchschnitt etwa 200 € für ihre private Krankenversicherung (Eigenanteil), der Rest wird von der Beihilfe gezahlt.

Und schließlich sind auch die Leistungen der Beihilfe und der entsprechenden beihilfekonformen Tarife der privaten Krankenversicherungen besser als diejenigen der gesetzlichen Krankenkassen:

Im ambulanten Bereich werden etwa die Kosten für Naturheilverfahren oder Heilpraktiker übernommen; im stationären Bereich kann man Chefarztbehandlung oder Ein- bzw. Zweibettzimmer beanspruchen; Arzneimittel erhält man ohne Rezeptgebühren (Zuzahlungen).

Die gesetzlichen Krankenkassen zahlen in aller Regel nicht für Behandlungen im Ausland – die Beihilfe zahlt. Für Zahnersatz zahlen die gesetzlichen Krankenkassen nur noch geringe Festzuschüsse in Höhe von 50 % der »notwendigen« Leistungen. Auf den übrigen 50 % bleibt der gesetzlich Versicherte sitzen, wenn er keine Zusatzversicherung abgeschlossen hat. Beihilfe und beihilfekonformer Tarif in der privaten Krankenversicherung decken dagegen sämtliche Kosten ab.

Und diese besseren Leistungen werden eben zu 50 % bis 80 % vom Steuerzahler gezahlt, und das auch noch in der Regel mit dem 2,3fachen Gebührensatz.

Am Vernünftigsten ist es, die Beihilfe abzuschaffen, und auch Beamte gesetzlich zu versichern. Solange das aber politisch nicht durchsetzbar ist, sollte zumindest der Leistungskatalog der Beihilfe an denjenigen der gesetzlichen Krankenkassen angepasst werden. Es ist nicht einzusehen, weshalb gesetzlich Krankenversicherte teure Zusatzversicherungen abschließen müssen, wenn sie genauso gut versorgt werden möchten wie Beamte. Darüber hinaus sollte der Gebührensatz, den Ärzte für Beamte abrechnen dürfen, vom 2,3fachen auf das Einfache gesenkt werden – im Interesse des Steuerzahlers.

Sonderbeitrag für Zahnersatz

Ab dem 1. Juli 2005 wurde durch die Gesundheitsreform ein Sonderbeitrag für Zahnersatz für Arbeitnehmer (und Rentner) in Höhe von 0,9 % eingeführt. Dieser Sonderbeitrag wird nicht zur Hälfte von Arbeitgeber und Arbeitnehmer getragen, sondern alleine vom Arbeitnehmer. Damit wurde für Arbeitnehmer das Prinzip aufgegeben, dass die Beiträge zur Krankenversicherung je zur Hälfte von Arbeitgebern und Arbeitnehmern getragen werden. Zusammen mit den Zuzahlungsregeln für Medikamente zahlten die Arbeitnehmer jetzt insgesamt sogar etwa 55 % ihrer Krankheitskosten und die Arbeitgeber etwa 45 %. Die Begründung dafür lautete, dass jeder seine Zahngesundheit selbst erhalten kann, durch gute Pflege und regelmäßige Zahnarztbesuche. Auf die Beihilfe wurde diese »Reform« nicht übertragen. Beamte erhalten nach wie vor 50 % bis 80 % ihrer Krankheitskosten vom Steuerzahler ersetzt.

Dieser Sonderbeitrag wurde zum 1. Januar 2015 zwar abgeschafft, dafür dürfen die gesetzlichen Krankenkassen aber einen individuellen Zusatzbeitrag erheben, der ebenfalls nur von den Arbeitnehmern getragen wird. Bei den meisten großen Krankenkassen betrug der Zusatzbeitrag ebenfalls 0,9 %. Hier hat das Kind nur einen anderen Namen bekommen. Ab Januar 2016 beträgt der Zusatzbeitrag bei den meisten Krankenkassen sogar 1,1 %.

Vorfinanzierung der Krankheitskosten

Ein Arbeitnehmer, der beispielsweise mit 20 Jahren beginnt, Krankenkassenbeiträge zu zahlen, und mit 30 Jahren das erste Mal den Arzt aufsucht, hat damit seine Krankheitskosten zehn Jahre lang vorfinanziert.

In der Lebensphase der aktiven Tätigkeit sind die Krankheitskosten eher gering. Die höchsten Kosten fallen im höheren Lebensalter an. Gleichzeitig werden dann, von den Rentnern, die niedrigsten Beiträge bezahlt.

Arbeitnehmer finanzieren deshalb im Gegensatz zu Beamten ihre Krankheitskosten, die im Rentenalter entstehen, durch ihre Beitragszahlungen schon über Jahrzehnte im Voraus – mit erheblichen Zinsverlusten. Diese Zinsverluste lassen sich aber kaum berechnen. Sie werden deshalb in den Schattentabellen – zugunsten der Beamten – nicht berücksichtigt.

Lohnfortzahlung im Krankheitsfall

Arbeitnehmer sind im Krankheitsfall zunächst sechs Wochen lang abgesichert. Für diesen Zeitraum wird ihr Lohn oder Gehalt weiterhin in voller Höhe durch den Arbeitgeber gezahlt.

Nach Ablauf der Lohnfortzahlung erhalten sie kein Geld mehr vom Arbeitgeber, sondern direkt von der Krankenkasse das Krankengeld. Das Krankengeld beträgt 70 % des letzten Verdienstes (ohne Sonderzahlungen wie Urlaubs- und Weihnachtsgeld oder Überstundenvergütung). Maximal beträgt es aber 70 % von der Beitragsbemessungsgrenze. Es wird höchstens für 78 Wochen bezahlt.

Der Arbeitnehmer hat in der Regel dann netto 25 % weniger auf dem Konto als vor seiner Krankheit. Und weil kaum ein Arbeitnehmer in der Lage ist, von seinem Nettoverdienst 25 % zu sparen, bedeutet das, dass er in der Regel mit dem Krankengeld nicht auskommen wird. Denn seine Kosten sind im Wesentlichen unverändert. Wer Krankengeld bekommt, muss also schon von der Substanz leben oder Schulden machen.

Nach 78 Wochen läuft dann auch das Krankengeld aus. Der Arbeitnehmer muss dann sehen, wie er klarkommt. Vielleicht hat er Glück und kann eine Rente beantragen, oder er bekommt Arbeitslosengeld. Ansonsten muss er von seinen Ersparnissen leben, von Schulden oder von der Sozialhilfe.

Dabei sind Krankheiten, die über sechs Wochen andauern, gar nicht so selten. Im Jahre 2014 haben die gesetzlichen Krankenkassen fast elf Milliarden € an Krankengeld ausgezahlt. Das Krankengeld macht damit immerhin 5,5 % der gesamten Leistungsausgaben der gesetzlichen Krankenversicherungen aus.

Im Gegensatz zu Arbeitnehmern genießen Beamte im Krankheitsfalle eine Luxusversorgung: Ihre Besoldung wird ihnen in voller Höhe unbegrenzt weitergezahlt.

Kürzung der Beihilfe

Einige Bundesländer haben Kostendämpfungspauschalen in ihr jeweiliges Beihilferecht eingefügt. Danach erhalten Beamte und Pensionäre nicht mehr die volle Beihilfe, sondern müssen einen Teil pro Kalenderjahr selbst tragen, wobei es allerdings zahlreiche Ausnahmen und Milderungstatbestände gibt.

Das Bundesverfassungsgericht hat diese Kostendämpfungspauschalen für rechtmäßig erklärt, wenn dadurch die Alimentation insgesamt ausreichend bleibt (Beschluss vom 2. Oktober 2007, 2 BvR 1715/03). Der konkrete Fall betraf die Kostendämpfungspauschale des Landes Niedersachsen. Das Verfassungsgericht hat ermittelt, dass im Jahr 2001 die tatsächlichen Abschläge pro Beamten 97 € betragen haben, also 8 € im Monat. Das ließ sich noch mit der Verfassung vereinbaren.

Diese Kostendämpfungspauschalen, die für Bundesbeamte etwa in Form von Eigenbehalten bei Arzneimitteln bestehen, entsprechen in ihrer Wirkung etwa den Zuzahlungen, die gesetzlich Krankenversicherte für Arzneimittel leisten müssen. Für die Berechnung des Schatteneinkommens im zweiten Teil des Buches wird deshalb keine Auswirkung angenommen.

Voller Beitragssatz für Betriebsrentner

Seit dem 1. Januar 2004 müssen alle in der gesetzlichen Krankenversicherung versicherten Betriebsrentner oder Bezieher von anderen Versorgungsbezügen den vollen Beitragssatz zur Krankenkasse bezahlen. Es gab keine Übergangsregelungen und keinen Vertrauensschutz. Das Bundesverfassungsgericht hat das für rechtens erklärt (1 BvR 2137/06). Ein Verstoß gegen den Gleichheitsgrundsatz und gegen die Eigentumsgarantie des Grundgesetzes liegt nach Meinung der Richter nicht vor. Aufgrund des Kostendrucks in der gesetzlichen Krankenversicherung war die Maßnahme verhältnismäßig.

Und auch diese »Reform« wurde nicht in das Pensionsrecht umgesetzt. Rentner, die zusätzliche Versorgungsbezüge erhalten, müssen darauf jetzt volle Krankenkassenbeiträge zahlen (100 %). Pensionäre sind weiterhin mit nur 30 % dabei.

Kosten der Beihilfe für den Steuerzahler

Die Beihilfekosten betragen für Beamte und Pensionäre bei Bund und Ländern nach Angaben des statistischen Bundesamtes durchschnittlich rd. 3.850 € pro Kopf im Jahr (inkl. Familienangehörige). Demgegenüber verursachten im Jahre 2014 gesetzlich Krankenversicherte pro Mitglied (ebenfalls inkl. Familienangehörige) Leistungsausgaben in Höhe von 2.740 €.

Von diesen 2.740 € zahlt der Arbeitnehmer oder Rentner mehr als die Hälfte selbst (rd. 53 %), die knappe andere Hälfte zahlt der Arbeitgeber oder die Rentenkasse. Der Arbeitgeberanteil beträgt damit durchschnittlich pro Arbeitnehmer bzw. Rentner 1.290 € im Jahr. Die Beihilfe, der »Arbeitgeberanteil« des Beamten, ist damit pro Kopf und Jahr um rd. 2.560 € teurer. Anders gesagt: Pro Beamten und Pensionär könnte der Steuerzahler 2.560 € im Jahr sparen, wenn es keine Beihilfe gäbe. Bei 3,2 Millionen Beamten und Versorgungsempfängern der Gebietskörperschaften ergibt sich rechnerisch ein Betrag in Höhe von 8,2 Milliarden €. Darüber hinaus entfielen die Verwaltungskosten für diese teure Doppelstruktur.

Die Krankheitskosten für Beamte und Pensionäre sind vor allem aus zwei Gründen höher als für Arbeitnehmer und Rentner: Erstens beträgt bei ihnen der »Arbeitgeberanteil« nicht nur knapp 50 %, sondern bis zu 80 %; und zweitens rechnen die »Leistungserbringer« (Ärzte, Krankenhäuser) bei Privatversicherten in der Regel den 2,3fachen Gebührensatz ab.

Die Beihilfe ist ein teures Vergnügen für den Steuerzahler. Sie ist darüber hinaus auch kompliziert und bürokratisch, und sie ist ungerecht. Deshalb sollte sie abgeschafft werden. Dass das noch nicht geschehen ist, könnte vielleicht daran liegen, dass Abgeordnete und Minister auch beihilfeberechtigt sind.

Berechnung des Schatteneinkommens

Zunächst einmal müssen Beamte die Prämien für die private Krankenversicherung selbst aus ihrem Nettoeinkommen zahlen. In den Berechnungen wird die Prämie zugunsten der Beamten großzügig angesetzt. Beitragsrückerstattungen wegen Nicht-Inanspruchnahme von Leistungen werden nicht berücksichtigt. Für den Beamten selbst werden 400 € im Monat angenommen, ebenso für den Ehepartner, für drei Kinder jeweils 160 €. Der ledige Beamte erhält 50 % Beihilfe. Sein negatives Schatteneinkommen beträgt deshalb 200 €. Für das Ehepaar übernimmt der Staat 70 %, für die Kinder gar 80 %. Diese Beamtenfamilie zahlt deshalb selbst nur 336 € statt der vollen 1.280 €. Dieser Betrag wird ebenfalls als negatives Schatteneinkommen angesetzt.

Umgekehrt erhöht sich das Schatteneinkommen durch die Kosten für Zusatzversicherungen, die gesetzlich versicherte Arbeitnehmer abschließen müssen, wenn sie einen Versicherungsschutz haben möchten, wie ihn Privatversicherte genießen. Als Prämie für bessere ambulante Versorgung, Chefarztbehandlung und Zweibettzimmer bei stationärer Behandlung sowie für Schutz im Ausland und unbegrenzte Lohnfortzahlung auch nach der sechsten Krankheitswoche werden in den Berechnungen zugunsten der Beamten sehr moderate 60 € für den Single und 150 € für die fünfköpfige Familie angesetzt.

Pflegeversicherung

Einführung und Beitragsentwicklung

Die Pflegeversicherung wurde 1995 unter dem damaligen Sozialminister Norbert Blüm eingeführt. Im Grunde hat er damit schon etwas gemacht, was von Politikern zu Recht gefordert wird: Über den nächsten Wahltag hinausdenken und Herausforderungen der

Zukunft angehen, bevor sie zu Problemen werden. Mit der steigenden Zahl älterer Menschen würden die Pflegekosten explodieren, und dafür musste Vorsorge getroffen werden.

Über die Umsetzung dieses richtigen Gedankens wurde lange und heftig gestritten. 1995 aber war es so weit, die Pflegeversicherung startete, mit einem Beitragssatz von einem Prozent, der zur Hälfte von Arbeitgebern und Arbeitnehmern getragen wurde. Im Gegenzug für den hälftigen Arbeitgeberbeitrag wurde ein evangelischer Feiertrag, der Buß- und Bettag, als staatlicher Feiertag gestrichen (Ausnahme: Sachsen, dafür zahlen Arbeitnehmer in Sachsen den vollen Beitrag alleine).

Erstaunlicherweise ist der Buß- und Bettag auch für Beamte weggefallen. Und dieser Verstoß gegen das Alimentationsprinzip hat nicht einmal zu Protesten geführt. Es geht also. Es ist prinzipiell möglich, Belastungen für Arbeitnehmer auch an Beamte zu übertragen. Allerdings ist der Pflegeversicherungsbeitrag seit 1995 deutlich gestiegen, von damals einem Prozent auf heute 2,35 %. Wann immer die Pflegekassen sich leerten, wurden einfach die Beiträge erhöht. Und jede dieser Beitragssatzerhöhungen bedeutete eine Verminderung des Nettoeinkommens für Arbeitnehmer. Das Nettoeinkommen der Beamten blieb unverändert. Für den Beamten und seine Angehörigen zahlt die Beihilfe nach wie vor die Hälfte bis zu 80 % der Pflegekosten. Nur für das Restrisiko muss er sich selbst privat versichern.

Zusatzbeitrag für Kinderlose

Kinderlose Arbeitnehmer über 23 Jahre zahlen in der gesetzlichen Pflegeversicherung seit dem 1. Januar 2005 einen Zuschlag. Er beträgt 0,25 % und wird von dem Arbeitnehmer alleine getragen.

Der Pflegeversicherungsbeitrag für Arbeitnehmer mit Kindern ist aber deshalb nicht etwa gesenkt worden, damit das gesamte Beitragsvolumen gleich bleibt. Nein, man brauchte einfach mehr Geld in der Pflegekasse und sucht händeringend nach einer Argumentation, wie man die fällige Beitragserhöhung dem Volk verkaufen kann. Und so kam man auf den Zusatzbeitrag für Kinderlose. Ist das nicht gerecht? Kinderlose nehmen später, im Alter, Leistungen in Anspruch, für deren Erbringung sie keine zukünftigen Beitragszahler großziehen. Und für diesen Verstoß gegen den Generationenvertrag ist ein Zusatzbeitrag wirklich nur allzu gerecht. Den Kinderlastenausgleich regelt man aber einfacher und unbürokratischer über das Kindergeld. Dieser Zusatzbeitrag hatte einfach nur das Ziel, Kasse zu machen (wurde aber vom Bundesverfassungsgericht abgesegnet).

Wenn man einen solchen Zusatzbeitrag aber schon einführt, dann bitte für alle, auch für Beamte. Denn in das Beamtenrecht ist er natürlich nicht umgesetzt worden. Für kinderlose Beamte hat sich nichts geändert. Das Nettoeinkommen des kinderlosen Arbeitnehmers fällt aufgrund des Zusatzbeitrages niedriger aus; das Nettoeinkommen des kinderlosen Beamten ist unverändert hoch. Eine Übertragung des Zusatzbeitrages in das Beihilferecht ist deshalb geboten.

Zusätzliche Altersversorgung durch Pflege

Wer pflegt, erhält mehr Rente: Bei mindestens 14 Pflegestunden in der Woche und Reduzierung der eigenen Berufstätigkeit auf maximal 30 Stunden in der Woche kann bei der zuständigen Pflegekasse ein Antrag auf zusätzliche Rentenbeiträge gestellt werden. Die zusätzlich gutgeschriebenen Rentenbeiträge berechnen sich nach der Zahl der Wochenstunden, die für die Pflege aufgewendet werden (in Stufen von mehr als 14, mehr als 21 und mehr als 28 Stunden), sowie der Pflegestufe des zu Pflegenden.

In Stufe I bei 14 Stunden wird ein fiktives Gehalt von 775 € zugrunde gelegt, in Stufe III bei mehr als 28 Stunden eines von 2.324 €. Das erhöht die spätere monatliche Rente um 7,26 € bzw. 21,79 €, wenn man ein Jahr durchgepflegt hat. Interessant ist, dass das Einkommen, auf das der Pflegende verzichtet, dabei keine Rolle spielt. Wer vorher 1.500 € verdient hat, bekommt bei mehr als 28 Stunden in Pflegestufe III genauso fiktiv 2.000 € angerechnet wie jemand, der vorher 4.000 € oder 5.000 € verdient hat.

Für Beamte gelten die gleichen Regeln. Sie erhalten für geleistete Pflege einen Zuschlag zu ihrer Pension in absolut gleicher Höhe wie Arbeitnehmer, also je nach Umfang und Intensität der Pflege zwischen 7,26 € und 21,79 € monatlich pro Pflegejahr. Die Pflegerente bringt damit eine wichtige Erkenntnis: Gleichbehandlung von Beamten und Arbeitnehmern ist möglich!

Sterbegeld

Sterbegeld und Sterbevierteljahr

Mit Wirkung zum 1. Januar 2003 wurde das Sterbegeld für Versicherte in der gesetzlichen Krankenversicherung von 1.050 € auf 525 € zunächst halbiert; ein Jahr später wurde es dann ganz abgeschafft. Auch diese »Reformen« wurde nicht in das Beamtenrecht umgesetzt. Die Hinterbliebenen eines Beamten erhalten nach wie vor drei Monate lang (den Sterbemonat und zwei weitere Monate) die vollen Bezüge des Verstorbenen, also die Besoldung aus der aktiven Tätigkeit oder die Pension.

Die Hinterbliebenen von Arbeitnehmern erhalten nunmehr also kein Sterbegeld mehr. Der überlebende Ehegatte eines Rentners erhält immerhin drei Monate lang (den Sterbemonat und zwei weitere Monate) die volle Rente des Verstorbenen weitergezahlt (das sogenannte Sterbevierteljahr).

Zwischen Rentnern und Pensionären gibt es allerdings auch hier einen gravierenden Unterschied: Der überlebende Ehegatte eines Rentners erhält drei Monate lang die Rente des Verstorbenen *anstatt* der Hinterbliebenenrente. Erst nach Ablauf des Sterbevierteljahres wird die Witwer- oder Witwenrente bezahlt.

Der überlebende Ehegatte eines Beamten oder Pensionärs erhält die Bezüge des Verstorbenen jedoch *zusätzlich* zur Hinterbliebenenpension. Diese Ungleichbehandlung lässt sich nicht begründen – sie muss beendet werden.

Minister und Abgeordnete bzw. ihre Hinterbliebenen erhalten übrigens auch ein üppiges Sterbegeld. Bundestagsabgeordnete etwa 9.082 €, bei einer Mitgliedschaft im Bundestag von über acht Jahren sogar 13.623 €. Sie sitzen daher mit den Beamten in einem Boot und haben kein Interesse an der Abschaffung dieses Privilegs. Um der Gerechtigkeit willen ist eine Abschaffung des Sterbegeldes aber auch für Beamte und Politiker längst überfällig.

Nach der Abschaffung des Sterbegeldes für Arbeitnehmer wurde das Sterbegeld für Bundestagsabgeordnete schamhaft umbenannt in »Überbrückungsgeld«, um 1.050 € gekürzt und das Ganze als »wirkungsgleiche Übernahme« verkauft. Denn das weggefallene Sterbegeld für Arbeitnehmer betrug eben 1.050 €.

Dieses perfide Muster, Verschlechterungen für Arbeitnehmer und Rentner nicht prozentual, sondern in absoluten Euro-Beträgen, wenn überhaupt, zu übernehmen, wird uns noch öfter begegnen.

Von einer Gleichbehandlung kann natürlich keine Rede sein. Das Sterbegeld für Arbeitnehmer ist um 100 % gekürzt worden, das der Bundestagsabgeordneten nur um einen kleinen Bruchteil davon. (Und für die Beamten wurden überhaupt keine Konsequenzen gezogen.)

Sterbegeld bei tödlichen Dienst-/Arbeitsunfällen

Bei einem tödlichen Arbeitsunfall eines Arbeitnehmers erhalten die Hinterbliebenen von der gesetzlichen Unfallversicherung (Berufsgenossenschaft) ein Sterbegeld in Höhe von 4.860 €.

Bei einem tödlichen Dienstunfall eines Beamten erhält der hinterbliebene Ehegatte als einmalige Unfallentschädigung 100.000 €, und zwar steuerfrei. 100.000 € erhalten auch hinterbliebene Kinder, wenn es keine Ehegatten gibt. Sind weder Ehegatten noch Kinder vorhanden, erhalten die Eltern des verstorbenen Beamten 40.000 €. Unglaublich, aber wahr: Wenn es auch keine Eltern mehr geben sollte, aber noch Großeltern, so erhalten diese immer noch 20.000 €. Danach ist aber Schluss: Die Urgroßeltern werden nicht mehr bedacht.

Tödliche Dienst- oder Arbeitsunfälle sind zum Glück doch recht selten. Bei knapp 40 Millionen Beschäftigten in Deutschland passieren »nur« etwa eintausend tödliche Unfälle im Jahr (inklusive Wegeunfälle). Deshalb wären die Kosten für eine private Unfallversicherung, die im Todesfall eines Arbeitnehmers die gleichen Leistungen erbringt, wie Beamte sie erhalten, relativ niedrig. Der Jahresbeitrag für eine Todesfallleistung von 100.000 € beträgt nur rund 300 €. Diesen Betrag müsste ein Arbeitnehmer aus seinem jährlichen Nettoeinkommen aufwenden, um seine Angehörigen auf Beamtenniveau abzusichern. Für die Berechnung des Schatteneinkommens der Beamten wird dieser Todesfallschutz deshalb hier zugunsten der Beamten wegen Geringfügigkeit nicht mit einbezogen.

Aber gerade weil es betragsmäßig nicht so sehr ins Gewicht fällt, wäre es hier leicht, Gerechtigkeit herzustellen: Entweder gibt es im Falle eines tödlichen Berufsunfalls 100.000 € für alle Hinterbliebenen, unabhängig davon, ob der Verstorbene Beamter oder Arbeitnehmer war, oder für keinen.

Berechnung des Schatteneinkommens

Bei einem Beamten- und Pensionärsleben von angenommenen 50 Jahren, also 600 Monaten, macht die Zahlung eines Sterbegeldes für durchschnittlich 2,5 Monate immerhin gut 0,4 % des Lebenseinkommens aus. Das ist keine Kleinigkeit. Allerdings ist das Sterbegeld auch ein Bruttobetrag, der noch der Einkommensteuer unterliegt. Bei einem aus Vereinfachungsgründen angenommenen pauschalen Grenzsteuersatz von 35 % verbleiben netto 0,27 %. Dieser Prozentsatz wird in den Schattentabellen auf das nominale Nettoeinkommen bezogen und entsprechend berücksichtigt.

Berufs-, Erwerbs- und Dienstunfähigkeit

Gesetzliche Unfallversicherung bei Arbeitnehmern

Bei Arbeitsunfällen oder Berufskrankheiten sind Arbeitnehmer über die gesetzliche Unfallversicherung (Berufsgenossenschaft) abgesichert. Es handelt sich um eine Pflichtversicherung. Die Beiträge zahlt formal der Arbeitgeber. Tatsächlich belasten Sie jedoch den Arbeitnehmer, denn sie werden letztlich doch aus der Lohnsumme bezahlt. Ohne diese Beiträge wäre das Entgelt, das die Arbeitnehmer bekommen, höher.

Die Berufsgenossenschaft zahlt eine Unfallrente, wenn man mindestens zu 20 % in der Erwerbsfähigkeit eingeschränkt ist. Die volle Unfallrente, bei 100 % Erwerbsminderung, beträgt zwei Drittel des letzten Jahresbrutto-Einkommens. Bei 20 % Einschränkung der Erwerbsfähigkeit wären es entsprechend anteilig 2/3 * 20 %.

Bei voller Invalidität erhalten Arbeitnehmer in der Regel eine Rente in Höhe von zwei Dritteln des letzten Bruttogehaltes, und das steuer- und sozialabgabenfrei. Damit ist das Nettoeinkommen weitgehend abgesichert. Bei teilweiser Erwerbsminderung erhält man die Rente von der Berufsgenossenschaft entsprechend anteilig.

Bei einem tödlichen Arbeitsunfall oder einer tödlichen Berufskrankheit erhalten die Hinterbliebenen drei Monate lang die volle Rente, also die genannten zwei Drittel des letzten Bruttoeinkommens, ab dem vierten Monat sind es dann noch 30 %. Ist der Hinterbliebene älter als 45 Jahre, erwerbsunfähig oder erzieht ein Kind, so sind es 40 %.

Unfallfürsorge bei Beamten

Beamte, die im Dienst einen Schaden erleiden und für mindestens sechs Monate zu mindestens 25 % erwerbsgemindert sind, erhalten einen Unfallausgleich. Damit sollen immaterielle Schäden und Unannehmlichkeiten pauschal abgegolten werden. Den Unfallausgleich gibt es zusätzlich zur normalen Besoldung. Je nach Grad der Erwerbsminderung beträgt er zwischen 124 € und 652 € im Monat. Für Arbeitnehmer sind solche Regelungen vollkommen unbekannt.

Beamte, die aufgrund eines Dienstunfalls oder einer Erkrankung dienstunfähig sind und deshalb in den Ruhestand versetzt werden, erhalten ein Unfallruhegehalt. Dienstunfähig ist ein Beamter schon dann, wenn er in einem halben Jahr mehr als drei Monate krank war und keine Aussicht besteht, dass die volle Dienstfähigkeit innerhalb eines halben Jahres wiedererlangt werden kann.

Das Unfallruhegehalt berechnet sich zunächst wie die normale Pension. Die Zeit vom Eintritt in den Ruhestand bis zur Vollendung des 60. Lebensjahres wird bei der Berechnung der ruhegehaltsfähigen Dienstzeit noch zur Hälfte dazugezählt. Wer mit 50 Jahren in den Ruhestand geht, dessen Unfallruhegehalt wird also berechnet auf der Basis von 55 Jahren.

Die ruhegehaltsfähigen Dienstbezüge werden nicht der Besoldungsstufe entnommen, die der Beamte erreicht hat, sondern derjenigen, die er voraussichtlich erreicht hätte. Das so ermittelte Ergebnis wird dann noch um 20 Prozentpunkte erhöht, allerdings auf maximal 75 % der ruhegehaltsfähigen Dienstbezüge. Als Minimum werden 67 % der ruhegehaltsfähigen Dienstbezüge gezahlt.

Nicht berufsbedingte Unfälle und Krankheiten bei Arbeitnehmern

Anders sieht es dagegen für Arbeitnehmer aus, die nicht aufgrund eines Arbeitsunfalls, sondern aufgrund eines Freizeitunfalls oder einer Krankheit, die keine Berufskrankheit ist, berufsunfähig werden. Die Berufsgenossenschaft zahlt hier natürlich nichts.

Zuständig ist dann die gesetzliche Rentenversicherung. Nach altem Recht (gültig bis zum 31.12.2000) gab es bei Erwerbsunfähigkeit eine Erwerbsunfähigkeitsrente, bei »lediglich« Berufsunfähigkeit eine Berufsunfähigkeitsrente. Die Erwerbsunfähigkeitsrente entsprach einer normalen Altersrente, wobei das 57. Lebensjahr als Berechnungsgrundlage zugrunde gelegt wurde. Das heißt, wenn ein jüngerer Arbeitnehmer erwerbsunfähig wurde, so wurde die Rente danach berechnet, als ob er bis zum 57. Lebensjahr gearbeitet und Beiträge gezahlt hätte. Die Leistungen aus der Berufsunfähigkeitsrente betrugen zwei Drittel der Erwerbsunfähigkeitsrente.

Diese beiden Rentenarten wurden für Fälle ab dem 1. Januar 2001 abgeschafft. Seitdem gibt es nur noch die Erwerbsminderungsrente. Die Erwerbsminderungsrente stellt gegenüber der bisherigen Berufs- bzw. Erwerbsunfähigkeitsrente eine deutliche Verschlechterung dar, auch wenn die Zurechnungszeit vom 57. bis auf das 60. Lebensjahr ausgedehnt wurde. Denn wer nun »nur« berufsunfähig ist, der erhält überhaupt keine Leistungen mehr. Und um eine volle Erwerbsminderungsrente zu bekommen, darf man nur noch zu maximal drei Stunden Arbeit am Tag in der Lage sein. Wer noch bis zu sechs Stunden am Tag arbeiten kann, der bekommt die halbe Erwerbsminderungsrente.

Fälle, in denen Erwerbsunfähigkeit vorliegt, sind glücklicherweise recht selten. Die Verschlechterung betrifft vor allem diejenigen, die »nur« berufsunfähig sind. Denn es gibt jetzt keinen Berufsschutz mehr. Im Gegensatz zum alten Recht muss seit 2001 jede zumutbare Arbeit angenommen werden. Der berufsunfähige Ingenieur muss sich beispielsweise darauf verweisen lassen, dass er ja immer noch als Pförtner arbeiten kann. Ob es sich bei dieser Reform um eine »richtige« oder »falsche« Maßnahme gehandelt hat, das kann hier dahingestellt bleiben. Es ist jedenfalls eine wesentliche Verschlechterung, die in keiner Weise in das Beamtenrecht umgesetzt wurde.

Die Erwerbsminderungsrente unterscheidet sich von der bisherigen Berufsunfähigkeitsrente vor allem dadurch, dass sie nur dann gezahlt wird, wenn eine berufliche Tätigkeit nicht mehr möglich ist, und zwar irgendeine Tätigkeit. Nach der Rechtslage bis 2000 kam es nur auf den konkreten Beruf an. Das ist eine deutliche Verschlechterung für Arbeitnehmer, denn irgendeine zumutbare Tätigkeit, die man noch ausüben kann, lässt sich meistens noch finden. Und die Erwerbsminderungsrente wird auch dann nicht gezahlt, wenn man keinen Arbeitsplatz findet. Es kommt allein darauf an, dass es theoretisch noch eine Arbeitsmöglichkeit gibt. Im Ergebnis muss man also schon den Kopf unter dem Arm tragen, bevor man eine Erwerbsminderungsrente erhält.

Die volle Erwerbsminderungsrente erhält man, wenn man nur noch maximal drei Stunden am Tag arbeiten kann. Liegt die Arbeitsfähigkeit zwischen drei und sechs Stunden, gibt es die halbe Erwerbsminderungsrente, und wer noch über sechs Stunden irgendeine Tätigkeit ausüben kann, der erhält gar nichts.

Die allgemeine Wartezeit beträgt fünf Jahre. Wer noch nicht so lange rentenversichert war, geht ebenfalls leer aus, es sei denn, die

Ursache für die Erwerbsminderung war ein Arbeitsunfall oder eine Berufskrankheit. Die Unfallrente aus der Berufsgenossenschaft, die bei Arbeitsunfall oder Berufskrankheit gezahlt wird, wird allerdings wiederum auf die Erwerbsminderungsrente angerechnet.

Die Höhe der Erwerbsminderungsrente ist abhängig vom Verdienst und von der Beitragszahlungsdauer, sie wird also im Prinzip genauso berechnet wie die normale Altersrente. Bei 45 Beitragsjahren und durchschnittlichem Verdienst (Eckrentner) beträgt sie ungekürzt zurzeit 1.314 €. Die 45 Beitragsjahre erreichen allerdings nur die wenigsten. Bei 25 Beitragsjahren und unterdurchschnittlichem Verdienst (z. B. 70 % des Durchschnitts) sind es 511 €. Allerdings wird bei der Erwerbsminderungsrente so getan, als ob man bis zum 60. Lebensjahr Beiträge gezahlt hätte. Wer beispielsweise mit 50 Jahren erwerbsunfähig wird, der erhält sozusagen zehn Beitragsjahre »geschenkt«.

Die Erwerbsminderungsrenten werden noch um 0,3 % pro Monat gekürzt, wenn man sie in Anspruch nimmt, bevor man die gesetzliche Regelaltersgrenze erreicht. Im Gegensatz zu den Altersrenten beträgt die maximale Kürzung aber nur 10,8 % und nicht 18 %.

Nicht dienstbedingte Unfälle und Krankheiten bei Beamten

Wird ein Beamter wegen Dienstunfähigkeit vor Erreichen der Altersgrenze in den Ruhestand versetzt, so wird die Pension für ihn nach den allgemeinen Grundsätzen berechnet. Die Zeit vom Eintritt in den Ruhestand bis zum 60. Lebensjahr wird zu zwei Dritteln der ruhegehaltsfähigen Dienstzeit hinzugerechnet. Ebenso wie für Arbeitnehmer gibt es einen Abschlag von 0,3 % pro Monat, maximal von 10,8 %, wenn die Versetzung in den Ruhestand vor Erreichen der eigentlichen Altersgrenze erfolgte (Diese Regelung wurde allerdings für Beamte zwei Jahre später eingeführt als für

Arbeitnehmer, nämlich zum 1. Januar 2003 statt zum 1. Januar 2001).

Beamte haben jedoch einen entscheidenden Vorteil im Vergleich zu Arbeitnehmern: Sie müssen sich nicht darauf verweisen lassen, dass sie ja noch irgendetwas anderes machen könnten. Für einen beamteten dienstunfähigen Lehrer beispielsweise ist es nur entscheidend, dass er nicht mehr als Lehrer arbeiten kann. Es spielt keine Rolle, ob er eventuell noch andere Tätigkeiten ausüben könnte.

Private Berufsunfähigkeitsversicherung

Zwischen der Versorgung eines Beamten bei Dienstunfähigkeit und der eines Arbeitnehmers bei Berufsunfähigkeit klafft also eine erhebliche Lücke. Der berufsunfähige Arbeitnehmer hat praktisch überhaupt keine Absicherung, wenn er noch in der Lage ist, irgendeine andere Tätigkeit auszuüben. Beamte sind dagegen luxuriös abgesichert.

Als Arbeitnehmer bleibt einem nur die Möglichkeit, eine beamtenähnliche Absicherung über private Versicherungen zu erreichen. Solche Berufsunfähigkeitsversicherungen sind jedoch sehr teuer. Abhängig von der Risikoklasse, in die der Beruf des Arbeitnehmers fällt, sind für eine monatliche Berufsunfähigkeitsrente in Höhe von 1.000 € monatliche Beiträge in Höhe von 100 € bis zu 200 € zu entrichten.

Darüber hinaus bekommt nicht einmal jeder eine umfassende Berufsunfähigkeitsversicherung. Die Versicherungsgesellschaften nehmen praktisch nur junge, gesunde Menschen. Wer schon Vorerkrankungen hatte oder wer zu einer Risikogruppe gehört, der muss Risikoausschlüsse hinnehmen oder Risikozuschläge bezahlen.

Berechnung des Schatteneinkommens

Wer beispielsweise 2.000 € netto monatlich verdient und für den Fall der Berufsunfähigkeit 1.500 € absichern möchte, der muss minimal 100 € dafür aufwenden, selbst wenn er nicht zu einer Risikogruppe gehört.

Deshalb werden in den Schattentabellen als absolute Untergrenze für die Prämien zu einer Berufsunfähigkeitsversicherung, die ein Arbeitnehmer aus seinem Nettoeinkommen bezahlen muss, um eine beamtenähnliche Absicherung zu erlangen, 5 % des Nettoeinkommens (nach Krankenversicherung) angesetzt.

Riesterrente und Riesterfaktor

Die Riesterrente

Walter Riester (Stellvertretender Vorsitzender der IG Metall von 1993 bis 1998, Bundesarbeitsminister von 1999 bis 2005) hat etwas geschafft, das zuvor nur Maggi, Persil und dem Fön gelungen ist: Name und Produkt sind eins geworden und miteinander verschmolzen und so unsterblich geworden. Heute »fönt« man sich nicht nur, man »riestert« auch.

Die Riesterrente wurde 2002 mit dem Altersvorsorgegesetz als ein Baustein der privaten Altersvorsorge eingeführt. Wer bestimmte private Altersvorsorgeverträge abschließt, etwa Rentenversicherungen oder bestimmte Banksparpläne, erhält staatliche Zulagen. Die Grundzulage für den Sparer selbst und evtl. für seinen Ehegatten beträgt je 154 €. Dazu kommt noch eine Kinderzulage in Höhe von 185 € pro Kind, für ab 2008 geborene Kinder sind es 300 €. Das ist an sich schon eine großzügige Förderung. Leider werden diese Zulagen in der Praxis zu großen Teilen wieder aufgefressen durch die Gebühren und Provisionen der Banken und Versicherungen.

Die genannten Zulagen erhält man aber nur dann in voller Höhe, wenn man 4 % (inklusive Zulage) seines Jahresbruttoeinkommens in den Riestervertrag einzahlt. Wer 30.000 € brutto im Jahr verdient, muss 1.200 € im Jahr, also immerhin 100 € im Monat, einzahlen, um die volle Förderung zu erhalten. Wer nur die Hälfte einzahlt, in diesem Beispiel 600 € im Jahr, der erhält auch nur die Hälfte der Zulage. Wer nur ein Viertel einzahlt, erhält nur ein Viertel der Zulage usw.

Die Riesterrente steht Arbeitnehmern und Beamten offen, Selbständigen aber nicht. Eine berechtigte Frage ist es hier, warum auch Beamte riestern dürfen. Denn da sie ohnehin – aus Steuermitteln – alimentiert werden, besteht für eine zusätzliche Förderung ihrer

Altersvorsorge, ebenfalls aus Steuergeldern, an sich kein Bedarf. Die Pension ist schließlich als eine Vollversorgung konzipiert. Gerechtigkeit ist aber bei uns eine Einbahnstraße. Zugunsten der Beamten wird genau darauf geachtet, dass auch alle gleich behandelt werden.

Höhere Zulage für Beamte

Auch Beamte erhalten die volle Riesterzulage dann, wenn sie 4 % ihres Bruttoeinkommens anlegen. Das scheint gerecht zu sein. Die 4 % gelten für alle. Tatsächlich aber bedeutet es, dass Beamte 25 % mehr Riester-zulage erhalten als Arbeitnehmer. Denn die 4 % beziehen sich bei Arbeitnehmern auf das Bruttogehalt, und in diesem Bruttogehalt ist der Arbeitnehmeranteil am Sozialversicherungsbeitrag in Höhe von rd. 20 % enthalten.

Beamte werden jedoch nicht zur Sozialversicherung herangezogen. In ihrer Bruttobesoldung ist deshalb kein Arbeitnehmeranteil enthalten. Die Besoldung eines Beamten ist deshalb – rechnerisch – um 20 % niedriger als das Gehalt eines Arbeitnehmers. Die Sparleistung, die der Beamte erbringen muss, bezieht sich deshalb nur auf 80 % des Betrages, auf den sich die Sparleistung des Arbeitnehmers bezieht. Diese Differenz von 20 Prozentpunkten, bezogen auf die Basis von 80 %, ergeben die genannten 25 % höhere Riesterzulage für den Beamten.

Zum besseren Verständnis hierzu noch ein Beispiel: Ein Beamter mit einer Jahresbruttobesoldung in Höhe von 30.000 € spart 1.200 €, nämlich seine 4 %, und erhält für sich die volle Zulage von 154 €. Ein vergleichbarer Arbeitnehmer verdient brutto jedoch 37.500 €, nämlich 30.000 € zuzüglich 7.500 € Arbeitnehmeranteil am Sozialversicherungsbeitrag.

Wenn dieser Arbeitnehmer ebenfalls 1.200 € in einen Riestervertrag einzahlt, bekommt er nicht die volle Zulage. Er bekommt nur 122 €, denn bezogen auf die für ihn maßgeblichen 37.500 € hat er nicht 4 % gespart, sondern nur 3,2 %. Wenn dieser Arbeitnehmer auch die volle Zulage bekommen möchte, muss er 1.500 € (4 % von 37.500 €) sparen. Der Arbeitnehmer muss also 300 € mehr sparen, um die gleiche Zulage zu bekommen. Diese 300 €, bezogen auf die Sparleistung des Beamten in Höhe von 1.200 € bedeuten eine Mehrbelastung von 25 %.

Beamte erhalten also eine höhere Riesterzulage, da ihr nominales Bruttoeinkommen – rechnerisch – niedriger ist. Das ist ein unhaltbarer Zustand. Dabei ist es ganz einfach und unbürokratisch möglich, für mehr Gerechtigkeit zu sorgen: die notwendige Sparleistung zur Erlangung der vollen Zulage muss für Beamte nur von 4 % auf 5 % des Bruttoeinkommens erhöht werden.

Der Riesterfaktor

Im Jahre 2002, zusammen mit der Einführung der Riesterrente, wurde der »Riesterfaktor« in die Rentenanpassungsformel eingefügt. Der Riesterfaktor ist nicht zu verwechseln mit dem Nachhaltigkeitsfaktor. Aber auch durch den Riesterfaktor werden die Renten gekürzt, und zwar letztlich um 4 % gegenüber der Rente ohne diesen Faktor.

Der Gedanke, der dahintersteckt, ist, dass in unserem Rentensystem – nach der ab 2002 geltenden modifizierten bruttolohnbezogenen Rentenanpassungsformel – die Höhe der Renten grundsätzlich an das Verdienstniveau der aktiven Beschäftigten gekoppelt ist. »Modifiziert bruttolohnbezogen« – das bedeutet, dass die Renten sich im Gleichschritt mit den Bruttolöhnen abzüglich der Altersvorsorgeanteile entwickeln. Zugrunde gelegt werden also nicht die Bruttolöhne der aktiven Beschäftigten, sondern die Bruttolöhne abzüglich der Rentenversicherungsbeiträge und abzüglich der Einzahlungen in einen Riestervertrag.

Wenn diese »Netto«-Einkommen steigen, steigen im Prinzip die Renten entsprechend, wenn die Verdienste sinken, müssten auch die Renten sinken (ein tatsächliches Sinken kommt aber nur in außergewöhnlichen Fällen vor, in der Regel wird es durch einen Schutzklausel verhindert und es gibt schlimmstenfalls Nullrunden. Die nicht vorgenommene Kürzung wird dann in späteren Jahren mit Erhöhungen verrechnet).

Wenn nun die Bundesbürger brav ihre Riesterverträge abschließen und auch 4 % ihres Bruttoeinkommens dort einzahlen, so haben sie weniger Geld zur Verfügung. Die »Netto«-Einkommen der Beschäftigten sinken quasi um die Einzahlungen in die Riesterverträge. Also ist es gerechtfertigt, und eigentlich nur konsequent, dass entsprechend auch die Renten sinken.

Dabei hatte man jedoch unter dem Begriff Nettoeinkommen bisher eigentlich etwas anderes verstanden. Wie jemand privat sein Geld verwendet, ob er es für später anlegt oder gleich ausgibt, das ist seine Sache und hat überhaupt keinen Einfluss auf sein verfügbares Einkommen. Immerhin ist die Riesterrente ja (noch) freiwillig. Doch selbst derjenige, der nicht riestert, ist von dem Riesterfaktor betroffen. Sein Einkommen bleibt unverändert. Dennoch wird seine Rente gekürzt. Es werden fiktive Riesterbeiträge zugrunde gelegt.

Von den etwa 30 Millionen riesterberechtigten Bundesbürgern haben etwa 16 Millionen einen Riestervertrag abgeschlossen, also nur 53 % der Berechtigten. Nach Angaben der zentralen Zulagenstelle schöpfen rd. 60 % der Riestersparer den Maximalbetrag (4 % des Bruttoeinkommens des Vorjahres) aus. Das sind demnach etwa 10 Millionen der 30 Millionen Berechtigten. 20 Millionen Berechtigte riestern nicht oder schöpfen nicht den vollen Betrag aus. Dennoch wird ihre Rente um den vollen Riesterfaktor gekürzt.

Und die Kürzung durch den Riesterfaktor betrifft auch die in der gesetzlichen Rentenversicherung freiwillig versicherten Selbständigen, die gar nicht riestern dürfen! Das sind immerhin rund eine halbe Million Menschen. Ihre Rente wird durch den Riesterfaktor gekürzt, trotz der Unmöglichkeit des Riesterns.

Für Beamte gilt gerade das Umgekehrte wie für jene Selbständige, die freiwillig in der gesetzlichen Rentenversichung versichert sind: Sie dürfen riestern, sind aber nicht vom Riesterfaktor betroffen. Denn bei den Pensionen gibt es keinen Riesterfaktor.

Es gibt deshalb genau zwei Möglichkeiten, um ein wenig mehr Gerechtigkeit herzustellen: Entweder wird der Riesterfaktor für Rentner – rückwirkend – abgeschafft, oder er wird auf die Pensionäre übertragen. Der derzeitige Zustand privilegiert die Beamten und ist nicht gerecht.

Es ist darüber hinaus aber auch schlicht falsch, dass die Beschäftigten »netto« weniger Geld zur Verfügung haben, wenn sie einen Riestervertrag abgeschlossen haben. Denn das Geld für diese Form der Altersvorsorge dürfte in den meisten Fällen nicht zusätzlich aufgebracht werden. Es wird nur umgeschichtet. Statt einer Kapitallebensversicherung, die jetzt nicht mehr steuerbegünstigt ist, wird jetzt ein zulagenbegünstigter Riestervertrag abgeschlossen. Wenn nun die Beiträge für die Riesterverträge als Netto-Belastung gewertet werden, dann müssten im Gegenzug die bisherigen Formen der Eigenvorsorge, die nun nicht mehr abgeschlossen werden, als Netto-Entlastung gewertet werden.

Die Unterstellung, dass die Einzahlungen, die in Riesterverträge fließen, zusätzlich geleistet werden, und nicht im Gegenzug bei anderen Vorsorgeformen eingespart werden, ist nicht haltbar. Für den Riesterfaktor gibt es letztlich keine überzeugende Begründung. Die Übertragung des Faktors auf die Pensionen ist deshalb nur die zweitbeste Lösung. Richtig ist seine komplette Abschaffung.

Altersversorgung

Die gesetzliche Rente

Entwicklung

Die gesetzliche Rentenversicherung ist eine noch relativ neue soziale Leistung. Es gibt sie erst seit 1891, also seit einem guten Jahrhundert. Eingeführt wurde sie unter dem damaligen Reichskanzler Otto von Bismarck, allerdings nicht aus sozialen Gründen, sondern vielmehr, um den Sozialdemokraten das Wasser abzugraben, also quasi aus parteipolitischen Gründen. (Es war also schon damals so, wie es heute ist: Es geht nicht um Fortschritt, Vernunft oder Moral, es geht um Macht oder Machterhalt.)

Anfangs waren die Leistungen der Rentenversicherung aus heutiger Sicht noch sehr bescheiden. Eine Rente wurde erst ab dem 70. Lebensjahr gezahlt, wobei die statistische Lebenserwartung für Neugeborene nur bei 39 Jahren lag. Das bedeutete, dass 70 % der Menschen gar keine Rente erhielten, da sie das Alter von 70 Jahren nicht erreichten. Und selbst diejenigen, die das Rentenalter noch erlebten, konnten sich oft nicht lange an der Rente erfreuen, denn wer tatsächlich 70 Jahre alt geworden war, hatte danach im Schnitt nur noch fünf Jahre zu leben.

Lange Zeit änderte sich relativ wenig an der Situation der Rentner. Unser heutiges, modernes Rentenversicherungssystem wurde erst in der Bundesrepublik geschaffen. Zu Anfang war das Verhältnis zwischen Arbeitnehmern und Rentnern noch relativ ausgewogen. So kamen 1957, als die umlagefinanzierte gesetzliche Rente im Nachkriegsdeutschland eingeführt wurde, sieben Arbeitnehmer auf einen Rentner, den sie finanzieren mussten – aus heutiger Sicht ein paradiesischer Zustand. Im Laufe der Jahrzehnte veränderte sich jedoch das Verhältnis zwischen Rentnern und Arbeitnehmern durch den veränderten Altersaufbau der Bevölkerung, der von einer längeren Lebensdauer und einem Rückgang der Geburtenzahl gekennzeichnet war, immer stärker zuungunsten der Arbeitnehmer, und diese Entwicklung wird auch in Zukunft weiter anhalten. So kamen im Jahr 2000 nur noch rd. vier Arbeitnehmer auf einen Rentner. Dieser Wert wird sich kontinuierlich verschlechtern; ab dem Jahr 2040 werden dann schließlich zwei Arbeitnehmer einen Rentner finanzieren müssen.

Dieses zunehmende Ungleichgewicht konnte und kann die Rentenkasse im Laufe der Zeit immer schwerer auffangen, was unvermeidlich dazu führte, dass sich ihre Leistungen allmählich verschlechterten und die Beiträge zur Rentenversicherung immer wieder angehoben werden mussten. Diese Tendenz wird sich auch in der Zukunft weiter fortsetzen. So mussten 1957 zunächst 14 % vom Bruttolohn an die Rentenkasse abgeführt werden. In den folgenden Jahrzehnten stieg der Beitragssatz fast kontinuierlich immer mehr an und beträgt inzwischen 19,7 %.

Seit den neunziger Jahren versuchte die Politik verstärkt, das Rentenniveau zu drücken. 1992 wurde die nettolohnbezogene Rente eingeführt. Bei ihrer Einführung war die Rente von Konrad Adenauer als bruttolohnbezogen konzipiert worden, d. h. so, dass sich die Renten im Gleichschritt mit den Bruttolöhnen entwickelten. Da die Schere zwischen Brutto- und Nettolöhnen jedoch immer weiter auseinanderging, wurde schließlich die Idee geboren, die Renten stattdessen an das Nettolohnniveau zu koppeln.

Diese Umstellung bedeutete bereits faktisch eine Rentenkürzung, die allerdings kaum auffiel, weil die Renten zunächst auch weiterhin stiegen. Dieses Wachstum war jedoch längst nicht mehr so groß, wie es ohne die Reform gewesen wäre. Und diese Verschlechterung für die Rentner wurde in keiner Weise in das Pensionsrecht übertragen, obwohl sich das Verhältnis von Steuerzahlern zu Pensionären natürlich ebenso wie das von Beitragszahlern zu Rentnern ständig verschlechterte.

Im Jahr 2000 wurde dann die nettolohnbezogene Rente wieder abgeschafft. Die Renten sollten fortan nur noch im Gleichschritt mit der Inflationsrate steigen. Mit anderen Worten: Die Rentner wurden jetzt vollständig vom Wirtschaftswachstum abgekoppelt. Und wieder erfolgte keine Umsetzung in das Pensionsrecht.

Unglücklicherweise aber war die Inflationsrate im Jahr 2000 höher als der Anstieg der Löhne und Gehälter. Die Rentenkürzer hatten ein Eigentor geschossen. Der Inflationsbezug der Rentenerhöhungen wurde dann auch flugs wieder abgeschafft.

Seit 2001 gibt es in Deutschland die modifizierte bruttolohnbezogene Rente, einen Mischmasch aus Bruttolohnbezug und Nettolohnbezug. Maßstab für Rentenerhöhungen sind die Erhöhungen der Bruttoentgelte der Arbeitnehmer abzüglich der Alterssicherungsanteile. Die Rentenversicherungsbeiträge und die (fiktiven) Einzahlungen in einen Riestervertrag werden von den Bruttoentgelten abgezogen, die Beiträge zur Kranken-, Pflege- und Arbeitslosenversicherung aber nicht.

Die Höhe der gesetzlichen Rente

Die Höhe der gesetzlichen Rente wird nach sogenannten Entgeltpunkten ermittelt, die der Rentner im Laufe seines Arbeitslebens erwirbt. Zurzeit (2015) bekommt ein Versicherter, der 45 Jahre lang durchschnittlich verdient hat (der sogenannte Eckrentner), pro Jahr 29,21 € gutgeschrieben. Ein Eckrentner in den alten Bundesländern erhält damit also insgesamt monatlich 1.314 € Bruttorente, vor Abzug von Kranken- und Pflegekassenbeitrag und Einkommensteuer. Oder andersherum gerechnet: Für je 1.000 €, die man in die Rentenkasse eingezahlt hat, bekommt man eine monatliche Rente in Höhe von 4,46 €. Oder nochmals anders gerechnet: Um monatlich einen Euro Rente zu bekommen, muss man im Laufe des Arbeitslebens 224 € eingezahlt haben.

Die tatsächlich ausgezahlten Renten liegen jedoch in der Regel weit unter den 1.314 € des Eckrentners, denn kaum jemand hat tatsächlich 45 Jahre lang Beiträge eingezahlt. In den sogenannten Ausfallzeiten, das sind z. B. Zeiten der Arbeitslosigkeit, der (Hoch) Schulausbildung oder Kindererziehungszeiten, werden dem Beitragskonto keine oder nur geringe pauschale Beiträge gutgeschrieben. Und wer eine längere Familienpause gemacht hat, meistens sind dies die Frauen, bekommt diese nicht einmal als Ausfallzeit angerechnet. Tatsächlich hat ein durchschnittlicher Altersrentner deshalb nicht 45 Jahre lang eingezahlt, sondern nur gute 26 Jahre lang (Männer in den alten Ländern rd. 35 Jahre, Frauen rd. 20 Jahre). Dementsprechend beträgt die heute im Durchschnitt tatsächlich ausgezahlte monatliche Bruttorente (vor Abzug des Kranken- und Pflegeversicherungsbeitrags) deshalb deutlich weniger, nämlich nur 771 €. Bei Männern in Westdeutschland sind es immerhin noch durchschnittlich 1.020 €, bei Frauen dagegen nur 566 €.

Ein Arbeitnehmer, der ein Jahr lang durchschnittlich verdient hat, erwirbt damit in der Rentenversicherung einen Entgeltpunkt. Wer 40 Jahre lang durchschnittlich verdient hat, hat damit also während seiner Berufszeit 40 Entgeltpunkte gesammelt. Wer 30 Jahre durchschnittlich verdient hat und zehn weitere Jahre nur die Hälfte des Durchschnittsverdienstes, der kommt insgesamt auf 35 Entgeltpunkte. Der Maßstab ist also immer der Durchschnittsverdienst.

Dieses Durchschnittseinkommen in der gesetzlichen Rentenversicherung betrug z. B. 41.496 DM (21.217 €) im Jahre 1990, 50.665 DM (25.905 €) in 1995 und 54.256 DM (27.741 €) im Jahr 2000. In 2010 musste ein Arbeitnehmer bereits 31.144 € verdienen, um einen Entgeltpunkt zu erhalten; 2015 sind es 34.999 €.

Der Wert eines Entgeltpunktes wird jährlich durch Verordnung neu festgelegt und berechnet sich nach der Rentenanpassungsformel. Im Jahre 2015 ist ein Entgeltpunkt 29,21 € wert. Das ist der aktuelle Rentenwert (AR). Wer z. B. im Laufe seines Arbeitslebens

40 Entgeltpunkte gesammelt hat, kommt damit auf eine Monatsrente in Höhe von 1.168 € (vor Kranken- und Pflegeversicherung und Einkommensteuer).

Die Rentenanpassungsformel

Nach der Rentenanpassungsformel (§ 68 SGB VI) wird der aktuelle Rentenwert (AR) folgendermaßen berechnet:

AR = (durchschnittliches Bruttoentgelt Vorjahr /
durchschnittliches Bruttoentgelt Vorvorjahr)
x Rentenwert Vorjahr
x ((100% − Riesterbeitrag Vorjahr − Beitragssatz Vorjahr) /
(100% − Riesterbeitrag Vorvorjahr − Beitragssatz Vorvorjahr))
x ((1 − (RQ Vorjahr / RQ Vorvorjahr)) x 0,25 + 1)

Der Rentnerquotient (RQ) ist dabei das Verhältnis von Beitragszahlern zu Rentnern. Wesentlich für den Nachhaltigkeitsfaktor ist die Veränderung des Rentnerquotienten des Vorjahres gegenüber dem des Vorvorjahres. Die Ermittlung des Rentnerquotienten und der durchschnittlichen Bruttoentgelte ist dabei sehr kompliziert und für den Normalbürger praktisch völlig unverständlich. Nur wenige Experten werden in der Lage sein, alle Verästelungen zu überschauen. Kaum ein Rentner ist deshalb in der Lage, die richtige Berechnung seiner Rente zu überprüfen. Allein schon wegen ihrer Überkompliziertheit ist die Legitimität der Rentenberechnung zweifelhaft.

Der Riesterbeitrag ist derjenige Beitragssatz vom Bruttoeinkommen, der in einen Riestervertrag eingezahlt werden muss, um die höchstmögliche Zulage zu bekommen. Dieser Beitragssatz betrug im Jahre 2003 0,5 % des Bruttoeinkommens und sollte danach jährlich um 0,5 Prozentpunkte ansteigen. In den Jahren 2007 und 2008 wurde diese »Riestertreppe« jedoch ausgesetzt. Aufgeschoben war jedoch nicht aufgehoben: Der unterbliebene Anstieg wurde dafür in den Jahren 2011 und 2012 nachgeholt, so dass seitdem mit 4,0 % des Bruttoeinkommens der gesetzlich vorgesehene Höchstsatz erreicht ist.

Der Gesetzgeber geht also davon aus, dass die Beschäftigten 4,0 % ihres Bruttoeinkommens in einen Riestervertrag investieren. Dies führt dann dazu, dass sie »netto« insgesamt weniger Geld zur freien Verfügung haben, weil eben ein Teil in den Riestervertrag geht. Und deshalb, so die absurde Logik des Gesetzgebers, können auch die Renten ein wenig gesenkt werden, nämlich genau um den Riesterfaktor, denn sonst würden die Renten ja stärker steigen als die frei verfügbaren Einkommen während des Arbeitslebens. Übersehen wird dabei allerdings, dass das Riestersparen ja – zumindest bis jetzt noch – eine freiwillige Angelegenheit ist.

Für 2015 ergibt sich nach dieser Formel für die alten Bundesländer folgender aktueller Rentenwert:

$$29{,}21\ \text{€} = (28.222\ \text{€} / 28.234\ \text{€})$$
$$\times\ 28{,}61$$
$$\times\ ((100\ \% - 4{,}0\ \% - 18{,}7\ \%)$$
$$/\ (100\ \% - 4{,}0\ \% - 18{,}9\ \%))$$
$$\times\ ((1 - (5258/5261)) \times 0{,}25 + 1)$$

Der Nachhaltigkeitsfaktor wurde vom Gesetzgeber dabei freundlicherweise nur mit einem Viertel (das sind die 0,25 in der Formel) angesetzt. Logisch begründen lässt sich das aber nicht. Man hätte stattdessen auch ein Drittel nehmen können oder ein Fünftel oder überhaupt keinen Faktor verwenden können. Die Festsetzung auf ein Viertel hatte keine sachliche Grundlage, sondern war eine politische Entscheidung. Man wollte ein bestimmtes Ergebnis, eine bestimmte Rentenkürzung, erreichen. Bei anderen politischen Mehrheiten oder veränderten Zielsetzungen kann dieser Parameter deshalb ebenso willkürlich geändert werden. Die Rentenanpassungsformel darf aber nicht nur eine beliebige Formel sein; sie muss sich auch sachlich begründen lassen.

Demgegenüber wird die Pension für Beamte völlig anders berechnet. Das durchschnittliche Bruttoentgelt spielt hier überhaupt keine Rolle. Es gibt auch keinen Nachhaltigkeitsfaktor, keinen Riesterfaktor und keinen Pensionärsquotienten. Prof. Bernd Raffelhüschen, Finanzwissenschaftler der Universität Freiburg, hatte auch für Beamte einen Nachhaltigkeitsfaktor angeregt, dieser Vorschlag ist jedoch niemals ernsthaft diskutiert worden und in den Schubladen veschwunden (Stiftung Marktwirtschaft, Argumente zu Marktwirtschaft und Politik, Nr. 89, Juni 2005).

Der Eckrentner

Der »Eckrentner« ist ein Musterrentner, der in 45 Jahren Erwerbstätigkeit im Durchschnitt jedes Jahr einen persönlichen Entgeltpunkt gesammelt hat. Mit Beginn der Rente, d.h. mit dem 65. Lebensjahr, hat er also insgesamt 45 Entgeltpunkte erhalten, die seiner Rentenberechnung zugrunde liegen.

Die Höhe der gesetzlichen Rente hängt vom jährlichen Bruttoverdienst ab, den die Deutsche Rentenversicherung in sogenannte Entgeltpunkte umrechnet. Wer in einem Jahr so viel verdient hat wie der Durchschnitt aller Rentenversicherten (2015: 34.999 €), erhält genau einen Entgeltpunkt. Wer z.B. nur 16.000 € verdient, bekommt 0,457 Punkte; ein Jahreseinkommen von 40.000 € bringt 1,142 Punkte. Ob man Vollzeit oder Teilzeit arbeitet, ist dabei egal; der Faktor Zeit ist zweitrangig. Ein gut verdienender Akademiker kann so in 30 Berufsjahren mehr Entgeltpunkte ansammeln als ein Arbeiter mit 45 Berufsjahren.

Die persönlichen Entgeltpunkte werden am Schluss des Berufslebens mit dem aktuellen Rentenwert multipliziert, den das

Bundesarbeitsministerium auf Basis der Rentenformel in der Regel jährlich neu festlegt. Aktuell beträgt er 29,21 € (West) bzw. 27,05 € (Ost). Ein Durchschnittsverdiener im Westen, der 45 Jahre lang Beiträge gezahlt und damit 45 Entgeltpunkte erworben hat, also der sogenannte Eckrentner, erhält also nach heutigem Stand 45 mal 29,21 €, das sind 1.314 € monatliche Rente.

Aber die 45 Beitragsjahre des Eckrentners werden tatsächlich von kaum jemandem erreicht. Akademiker z. B. beginnen in Deutschland ihre Berufstätigkeit erst mit gut 27 Jahren. Damit bleiben ihnen nur 38 Jahre bis zur Rente. Und auch diese 38 Jahre vermindern sich oft noch um Zeiten der Arbeitslosigkeit und der Familienpause.

Tatsächlich erreicht nur jeder dritte Mann und jede zehnte Frau die 45 Beitragsjahre, im Durchschnitt jeder fünfte Arbeitnehmer. Das heißt, dass 80 % der Arbeitnehmer gar nicht die Rente erreichen, die ihnen durch den Eckrentner vorgegaukelt wird.

Das Bruttorentenniveau beträgt zurzeit rd. 44 %. Wenn man das Rentenniveau allerdings nicht auf das durchschnittliche Einkommen während des gesamten Arbeitslebens bezieht, sondern nur auf das letzte Einkommen, sind die Prozentsätze sogar noch niedriger, denn das Einkommen steigt in der Regel im Laufe des Lebens. Wer also damit rechnet, eine Rente in Höhe von 48 % seines letzten Einkommens zu bekommen, der wird enttäuscht werden. Er bekommt diesen Prozentsatz nämlich nicht von seinem letzten Einkommen, sondern von seinem durchschnittlichen Einkommen während des Arbeitslebens.

Der Eckrentner(40)

Im Gegensatz zu Arbeitnehmern erreichen Beamte schon mit 35 bis 40 Dienstjahren ihre Höchstpension. Um Rente und Pension sinnvoll miteinander vergleichen zu können, muss also ein Durchschnittsrentner betrachtet werden, der nicht 45 Berufsjahre hinter sich hat, sondern ebenfalls nur 35 bis 40.

Deshalb wird hier als Vergleichsmaßstab der »Eckrentner(40)« eingeführt. Der Eckrentner(40) ist ein Eckrentner, der im Laufe seines Erwerbslebens nicht 45, sondern nur 40 Entgeltpunkte gesammelt hat, weil er, wie ein Beamter, fünf Arbeitsjahre weniger hinter sich hat. Der Eckrentner(40) bekommt deshalb 5/45stel weniger Rente als der normale Eckrentner, das sind 11,1 %. Statt 1.314 €, wie der Eckrentner(45), erhält der Eckrentner(40) nur eine monatliche Rente in Höhe von 1.168 € brutto vor Abzug von Kranken- und Pflegeversicherung und Einkommensteuern (nach 35 Jahren wären es sogar nur 1.022 €).

Beitragsbemessungsgrenze und Höchstrente

Die Höhe der Rente kann allerdings nicht – in Abhängigkeit vom Durchschnittseinkommen – unbegrenzt steigen, sondern sie ist nach oben gedeckelt, und zwar durch die sogenannte Beitragsbemessungsgrenze. Diese liegt im Jahr 2016 bei 74.400 € (West) und 64.800 € (Ost), das entspricht etwa dem doppelten Durchschnittseinkommen. Pro Jahr kann ein Arbeitnehmer damit maximal etwa zwei Entgeltpunkte sammeln, mehr sind grundsätzlich nicht möglich. Die rechnerische Höchstrente nach 45 Jahren entspricht deshalb etwa dem Doppelten der Eckrente. Diese Höchstrente kann aber nur rein theoretisch erreicht werden, weil praktisch niemand 45 Jahre lang das Doppelte des Durchschnittseinkommens verdient.

Der Nachhaltigkeitsfaktor

Neben dem Riesterfaktor wurde 2005 zusätzlich der Nachhaltigkeitsfaktor (eine Erfindung der Rürup-Kommission) eingeführt, um das Rentenniveau zu senken bzw. um »die Rente zukunftsfähig zu machen«. Indem dieser Faktor in die Rentenanpassungsformel eingebaut wurde, wird die Rentenhöhe davon abhängig gemacht, wie sich die Zahl der Beitragszahler im Verhältnis zur Zahl der Rentner entwickelt hat, wobei jeweils das Vorjahr und das Vorvorjahr zueinander in Beziehung gesetzt werden. Je ungünstiger das Verhältnis von Beitragszahlern zu Rentnern wird, desto stärker schlägt der Nachhaltigkeitsfaktor durch.

Der Nachhaltigkeitsfaktor bewirkt, dass der Wert eines Entgeltpunktes mit steigenden Rentnerzahlen sinkt. Hätte ein Entgeltpunkt z. B. ohne Nachhaltigkeitsfaktor einen Wert von 30 €, während sich zugleich das Verhältnis Rentner/Beitragszahler um 8 % verschlechtert hat, so sinkt der Wert des Entgeltpunktes um 2 % (8 % x 0,25). Der Entgeltpunkt ist dann also nicht mehr 30 € wert, sondern nur noch 29,40 €.

Das erscheint auf den ersten Blick vielleicht nicht sehr schwerwiegend. Über die Jahrzehnte ergibt sich jedoch ein erheblicher Nachteil für Rentner. Wenn sich nämlich der Rentnerquotient vom Jahr 2005 bis zum Jahr 2030 von 3,5 zu 1 auf 2,2 zu 1 verschlechtert, so beträgt der Nachhaltigkeitsfaktor dementsprechend insgesamt über diesen Zeitraum 0,63 (2,2 / 3,5). Er geht zu einem Viertel, also mit 0,16, in die Rentenformel ein. Das Rentenniveau sinkt dadurch in 25 Jahren also um 16 %.

Nun kann man durchaus der Meinung sein, bei der längeren Lebenserwartung und den niedrigen Geburtenzahlen müsse das so sein, anders lasse sich das Rentensystem nicht retten. Wenn es aber schon so sein muss, dann sollte es wenigstens gerecht zugehen. Die Einschnitte sollten für alle gelten, nicht nur für Arbeitnehmer.

Im Beamtenrecht gibt es ebenfalls einen Dämpfungsfaktor, der manchmal fälschlicherweise als Nachhaltigkeitsfaktor bezeichnet wird. Der Dämpfungsfaktor bei den Pensionen hat mit dem Nachhaltigkeitsfaktor bei den Renten jedoch nichts zu tun. Tatsächlich wurde der Nachhaltigkeitsfaktor nicht in das Beamtenrecht übertragen.

Hinzuverdienstgrenzen

Wer Altersrente bezieht, der darf unbegrenzt hinzuverdienen. Frührentner dürfen dagegen nur bis zu 450 € im Monat hinzuverdienen, ohne dass ihre Rente dadurch geschmälert wird, und zweimal im Jahr bis zu 900 €. Das gilt unabhängig von dem Grund, aus dem die Rente vor der eigentlichen Regelaltersgrenze gewährt wird. Bei einem Zusatzeinkommen über 450 € monatlich erfolgt jedoch eine Kürzung, die individuell berechnet wird.

Diese Kürzung erfolgt jeweils in Stufen: Statt der vollen Rente wird unter Umständen nur eine Zweidrittel-Rente, eine halbe Rente, eine Eindrittel-Rente oder gar keine Rente mehr gewährt. Einen Mindestbetrag der Rente, der nicht angetastet wird, gibt es nicht. Die Kürzung erfolgt gegebenenfalls bis auf null €.

Die Pension

Berechnung der Pension

Bei Beamten gibt es keine Entgeltpunkte wie bei Arbeitnehmern, die man sich mühsam im Laufe des Arbeitslebens erarbeiten muss. Die Berechnungsgrundlagen für die Pension sind die »ruhegehaltsfähigen Dienstbezüge« und der »Ruhegehaltssatz«.

Als ruhegehaltsfähige Dienstbezüge werden die Beträge zugrunde gelegt, die dem Beamten bei Vollzeittätigkeit zuletzt zustanden, inklusive Familienzuschlag und sonstiger Bezüge, die im Besoldungsrecht als ruhegehaltsfähig bezeichnet sind. Wer beispielsweise als

Verheirateter am Ende seines Berufslebens in die Besoldungsgruppe A12 eingruppiert war (z. B. ein Polizeihauptkommissar) und 4.000 € brutto verdiente, der erhält (ohne Berücksichtigung des Dämpfungsfaktors) zurzeit grundsätzlich eine Pension in Höhe von 75 % dieses Betrages, also monatlich 3.000,00 €.

Diese 75 % sind der höchstmögliche Ruhegehaltssatz. Für jedes anrechnungsfähige Jahr seiner Dienstzeit erhält der Beamte 1,875 % gutgeschrieben. Rein rechnerisch hat er damit nach 40 Jahren die 75 % erreicht. Bis 1992 reichten dazu bereits 35 Jahre aus. Mit der Reform des Beamtenversorgungsgesetzes vom 1. Januar 1992 wurde der Pensionär dann in dieser Hinsicht ein wenig mehr dem Eckrentner gleichgestellt. Anstatt zehn Arbeitsjahre betrug die Differenz zum Eckrentner nun – zumindest vordergründig – nur noch fünf Jahre. Aber eben nur vordergründig, denn natürlich gibt es großzügige Übergangsregelungen. So gilt für alle Dienstzeiten, die bis 1991 absolviert wurden, das alte Recht weiter. Wer bereits 1966 Beamter war, ist deshalb vom neuen Recht überhaupt nicht betroffen. Nur diejenigen, die erst ab 1992 Beamte wurden, trifft es voll. Wer dagegen zwischen 1967 und 1991 Beamter wurde, erreicht den Höchstsatz aufgrund komplizierter Vergleichsberechnungen nach 35 bis 40 Jahren. Die alte Regelung wird uns somit noch mindestens die kommenden 20 Jahre lang belasten, bis diejenigen Beamten, die 1991 ernannt wurden, in den Ruhestand gehen.

Solche unglaublich großzügigen Übergangsregeln gibt es für Sozialrentner nicht. Für sie gelten Gesetzesänderungen in der Regel sofort, und Vertrauensschutz wird kaum gewährt. Und das sollte auch für Beamte gelten. Wenn sich hier schon einmal etwas ändert, dann bitte sofort und ohne endlose Übergangsregelungen.

Der Rentner erhält seine Rente aufgrund seines Durchschnittsverdienstes während seines gesamten Arbeitslebens. Der Pensionär erhält seine Pension dagegen nicht nach seinem Durchschnittsverdienst über die Jahrzehnte hinweg, sondern nach seinem letzten Verdienst (dem »Höchstamt«). Hierzu ein Beispiel:

Ein Arbeitnehmer, der mit 2.000 € monatlich sein Berufsleben begonnen hat, am Ende dann 4.000 € verdient hat und im Durchschnitt immer 3.000 € bezog, bekommt eine Rente auf der Basis von 3.000 €, denn er hat durchschnittlich Entgeltpunkte für einen Verdienst von 3.000 € erhalten. Ein Beamter, der ebenfalls mit 2.000 € gestartet ist, am Ende 4.000 € verdient hat und im Durchschnitt ebenfalls immer 3.000 € monatlich verdient hat, erhält eine Pension auf der Basis von 4.000 €.

Dieses »Höchstamt«, das der Berechnung der Pension zugrunde liegt, muss der Beamte allerdings mindestens zwei Jahre lang ausgeübt haben. Damit sollen Gefälligkeitsbeförderungen kurz vor dem Eintritt in den Ruhestand verhindert werden.

Der Gesetzgeber versuchte 1999, diesen Mindestzeitraum auf drei Jahre zu erweitern. Das Bundesverfassungsgericht erklärte diese äußerst maßvolle Gesetzesänderung, also die Verlängerung des Wartezeitraums von zwei auf drei Jahre, jedoch für verfassungswidrig, weil sie im Widerspruch zu den althergebrachten Grundsätzen des Berufsbeamtentums steht. Zur Begründung führt das Verfassungsgericht u. a. aus, dass bei Rentnern die letzten zwei Jahre der Berufstätigkeit ja auch voll in die Berechnung der Rente einfließen.

Immerhin wurde dieses Urteil nur mit fünf zu drei Stimmen gefällt. Besteht also noch Hoffnung?

Die theoretische Maximalrente für Arbeitnehmer, die 45 Jahre lang Spitzenverdiener waren, beträgt 2.725 €. Alle Pensionen ab Besoldungsstufe A11 liegen jedoch über dieser Maximalrente. Das heißt, dass Pensionäre, die während ihrer aktiven Dienstzeit hauptsächlich in den Besoldungsgruppen A7 bis A10, also auf Sachbearbeiterebene, eingestuft waren, eine höhere Altersversorgung erhalten als Arbeitnehmer, die 45 Jahre lang Spitzenverdiener waren.

Die Mindestpension

Bei Arbeitnehmern ist die Altersversorgung durch die Beitragsbemessungsgrenze nach oben gedeckelt. Die Altersversorgung der Beamten ist dagegen nicht nach oben, sondern nach unten gedeckelt, denn es gibt eine Mindestpension.

Diese Mindestpension beträgt insgesamt 35 % der ruhegehaltsfähigen Dienstbezüge, mindestens aber 65 % des Endgrundgehalts aus der Besoldungsgruppe A4. Voraussetzung dafür, sie zu beziehen, ist eine Dienstzeit von lediglich fünf (!) Jahren. Die Mindestpension beträgt zurzeit (inklusive Ehegattenzuschlag) 1.573 € monatlich und damit etwas mehr als das Doppelte einer durchschnittlichen Rente (771 €, vgl. o.).

Von den männlichen Rentnern im Westen erhalten nach der Statistik der Deutschen Rentenversicherung überhaupt nur 16,8 % eine Rente in Höhe von 1.500 € oder mehr. Über 80 % der Rentner erhalten somit eine Rente, die unterhalb der Mindestpension eines Beamten liegt. Die Rentnerinnen im Westen erhalten gar nur zu 1,1 % eine Rente, die 1.500 € oder mehr beträgt; sie erreichen also praktisch überhaupt nicht die Mindestpension eines Beamten.

In der Praxis hat die Mindestpension allerdings nur eine geringe Bedeutung. Gerade einmal 0,5 % der Pensionäre sind auf sie angewiesen, und zwar diejenigen, die bereits nach kurzer Berufstätigkeit dienstunfähig werden. Mehr als 99 % der Beamten bekommen hingegen ohnehin eine höhere Altersversorgung.

Beamte können die Mindestpension schon nach fünfjähriger Dienstzeit erhalten. Ein Durchschnittsverdiener muss dagegen für eine Rente in Höhe der Mindestpension 54 Jahre lang durcharbeiten, darf nie arbeitslos sein, niemals länger krank werden und keine Familienphase einschieben.

Wenn die Mindestpension also auch keine praktische Bedeutung hat, weil die tatsächlichen Pensionen ohnehin wesentlich höher sind, so verdeutlicht sie doch den ganzen Irrsinn der Beamten-Überversorgung.

Der »Eckbeamte«

Den Begriff des Eckbeamten gibt es eigentlich gar nicht. Dennoch soll er hier als Gegenstück zum Eckrentner eingeführt werden, um einen sinnvollen Vergleich zwischen Rentnern und Pensionären möglich zu machen. Der Eckbeamte hat 40 ruhegehaltsfähige Dienstjahre hinter sich gebracht und damit den höchstmöglichen Ruhegehaltssatz erreicht. Für die meisten Beamten gilt zwar noch die Übergangsregelung, nach der sie teilweise schon nach 35 Jahren den Höchstsatz erreicht haben; zugunsten der Beamten soll hier aber das aktuelle Recht ohne Übergangsregelung angewendet werden.

Rund 25 % aller Beamten sind im höheren Dienst tätig, rund 50 % im gehobenen Dienst und ebenfalls rund 25 % im mittleren Dienst. Der durchschnittliche Beamte arbeitet somit im gehobenen Dienst und ist damit am Ende seiner Laufbahn in Besoldungsstufe A12 angelangt. Sein letztes aktives Einkommen beträgt dann inklusive ruhegehaltsfähiger Zulagen und Ehegattenzuschlag gut 4.800 €. Daraus errechnet sich eine Pension in Höhe von 3.600 €.

Angaben des statistischen Bundesamtes führen zu einem sehr ähnlichen Ergebnis: Danach bekamen die Beamten, Richter und Soldaten des Bundes im Januar 2014 ein durchschnittliches Altersruhegeld in Höhe von 2.840 €. Zuzüglich der Erhöhungen in den Jahren 2014 und 2015 in Höhe von 2,8 % und 2,2 % ergibt sich für 2015 eine durchschnittliche ausgezahlte monatliche Pension in Höhe von rd. 3.000 €.

Bei diesem Betrag handelt es sich jedoch um die tatsächlich gezahlten Pensionen und nicht um die Eckpensionen. Die Eckwerte sind deutlich größer als die ausgezahlten Beträge. So betragen die tatsächlichen durchschnittlichen Altersrenten im Westen 783 €, die Eckrente ist dagegen mit 1.314 € um mehr als 67 % höher. Die Differenz erklärt sich durch Teilzeitarbeit, Familienpausen und Arbeitslosigkeit. Beamte können zwar nicht arbeitslos werden, Teilzeitarbeit und Familienpausen führen jedoch auch bei ihnen dazu, dass die tatsächlichen Zahlbeträge niedriger liegen als die rechnerischen Eckpensionen. Und die Teilzeitquote ist mit 30 % bei Beamten sogar noch höher als unter den abhängig Beschäftigten insgesamt (13 % ohne Berücksichtigung von Mini-Jobs und sonstiger atypischer Beschäftigung).

Es ist deshalb ohne weiteres zulässig, für diese Effekte einen sehr niedrigen Zuschlag auf den durchschnittlichen Zahlbetrag in Höhe von mindestens 20 % zu schätzen. Auch bei dieser Betrachtung ergibt sich dann eine Eckpension in Höhe von mindestens 3.600 €. Diese Eckpension ergibt sich bei einer unterstellten ununterbrochenen Vollzeittätigkeit über 40 Dienstjahre.

Die Pension des Eckbeamten ist damit rund 3,1-mal so hoch wie die Rente des Eckrentners(40). Um es plastisch auszudrücken: Ein Arbeitnehmer müsste 120 Jahre arbeiten, um die Pension eines Beamten zu erreichen.

Betrachtet man nicht nur den Bund, sondern bezieht auch die Länder und Gemeinden mit ein, so sind die Werte noch höher, und zwar aufgrund der Vielzahl der bei den Ländern beschäftigten Lehrer.

Sonderzahlung

Nach dem Bundessonderzahlungsgesetz erhalten Pensionäre einmal im Jahr noch zusätzlich eine dreizehnte Zahlung, die für Bundesbeamte jeweils 60 % einer Monatspension beträgt. Für den Zeitraum von 2006 bis 2011 wurde sie auf 30 % einer Monatspension halbiert.

Ab 2012 wurde sei wieder auf den alten Wert von 60 % angehoben – aber nicht nur das: Nunmehr wurde die Sonderzahlung in die Grundbesoldung integriert. Die Besoldungen wurden um 2,5 % monatlich erhöht, die Sonderzahlung fällt dafür weg.

Der Zweck dieses Manövers war es, die Höhe der Sonderzahlung, über die der Dienstherr bisher frei entscheiden konnte, nunmehr endgültig auf 60 % festzuschreiben. Kürzungen, wie sie etwa von 2006 bis 2011 aufgrund der schwierigen Haushaltslage vorgenommen wurden, sind jetzt nicht mehr möglich. Ein weiteres Privileg für Beamte. Für Arbeitnehmer in der freien Wirtschaft sind Sonderzahlungen wie etwa das Weihnachtsgeld weiterhin variabel und in die Disposition des Arbeitgebers gestellt. Viele Arbeitnehmer wären froh, wenn die Sonderzahlung fix in das Grundgehalt integriert würde.

Das Verhalten von Politikern aber, die sich auf solche (verständlichen) Wünsche der Beamtengewerkschaften einlassen, grenzt schon an Untreue gegenüber dem Steuerzahler.

Hinzuverdienstgrenzen

Nach dem 65. Lebensjahr kann auch der Pensionär, ebenso wie der Rentner, unbegrenzt dazuverdienen. Auch Beamten, die vor dem 65. Lebensjahr in Pension gegangen sind, kann die Pension gekürzt werden, wenn sie noch zusätzliche Erwerbseinkünfte haben. Die

Pension darf zusammen mit dem Hinzuverdienst maximal so hoch sein wie die ursprüngliche Besoldung, aus der die Pension errechnet wurde.

Im Regelfall darf ein Pensionär deshalb noch ein Drittel seiner Pension nebenbei dazuverdienen, ohne dass die Pension gekürzt wird. Wer 3.000 € Pension bekommt, nämlich in diesem Beispiel 75 % von einer Besoldung in Höhe von 4.000 €, der darf noch 1.000 € ohne Kürzung dazuverdienen. Eigenes Vermögenseinkommen des Pensionärs (etwa Einkünfte aus Kapitalvermögen; Einkünfte aus Vermietung und Verpachtung) wird dabei nicht angerechnet; die Verschärfung der Anrechnungsregeln aus dem Rentenrecht zum 1. Januar 2002 wurde nicht auf das Beamtenrecht übertragen.

Grundsätzlich können überhaupt nur maximal 80 % der Pension gekürzt werden. Mindestens 20 % bleiben in jedem Fall unangetastet, auch bei einem Zusatzeinkommen über der Hinzuverdienstgrenze.

Altersgrenzen

Regelaltersgrenze

Sowohl für Beamte als auch für Arbeitnehmer gilt zurzeit noch eine Regelaltersgrenze von 65 Jahren. Mit dem Altersgrenzenanpassungsgesetz vom 20. April 2007 wird diese Grenze für Arbeitnehmer schrittweise auf 67 Jahre angehoben, und zwar so, dass sie sich ab 2012 bis 2023 pro Jahr um einen Monat, von 2024 bis 2029 pro Jahr um zwei Monate verschiebt. Wer also z. B. 1948 geboren ist, muss bereits zwei Monate länger arbeiten, wer 1949 geboren ist, drei Monate länger usw. Ab Geburtsjahrgang 1964 gilt dann die neue Altersgrenze von 67 Jahren.

Mit dem Dienstrechtsneuordnungsgesetz vom 17. Oktober 2008, also bereits anderthalb Jahre später, wurde die Altersgrenze auch für Bundesbeamte auf 67 Jahre angehoben. Für Landes- und Kommunalbeamte ist diese Anpassung jedoch bislang teilweise überhaupt noch nicht erfolgt. Hier zeigt sich wiederum, dass Verschlechterungen für Arbeitnehmer nur verzögert oder gar nicht in das Beamtenrecht übernommen werden. Dabei sollte es eigentlich eine Selbstverständlichkeit sein, Verschlechterungen für Arbeitnehmer im gleichen Atemzuge auch für die Beamten zu beschließen. Doch solche Übernahmen werden verzögert bis zum Gehtnichtmehr, und wenn sie dann schließlich überhaupt erfolgen, werden sie häufig auch noch mit Übergangsregelungen versehen, die den Beamten zusätzliche Schonfristen einräumen. Wann kommt die Pension mit 67 endlich auch für die Landesbeamten in Berlin und Rheinland-Pfalz?

Wie für Rentner gilt auch für Bundesbeamte, dass sie künftig nach 45 Jahren abschlagsfrei in den Ruhestand gehen dürfen. Ansonsten werden pro Monat, den sie eher in den Ruhestand gehen, 0,3 % Abschlag von der Rente bzw. Pension abgezogen. Beamte erreichen allerdings diese 45 Jahre häufiger als Arbeitnehmer, da sie nicht arbeitslos werden können. Durch eine einfache Gesetzesänderung, die auch Zeiten der Arbeitslosigkeit in diese 45-Jahres-Regel einbezieht, könnte hier größere Gerechtigkeit hergestellt werden.

Ein weiterer Vorteil für Beamte ergibt sich dadurch, dass ihnen Hochschulausbildungszeiten im Gegensatz zu Arbeitnehmern noch immer für knapp drei Jahre angerechnet werden. Die 45 erforderlichen Jahre verringern sich damit für Beamte faktisch auf gut 42 Jahre. Die Anrechnung dieser Ausbildungszeiten sollte auch hier für Beamte ebenso gestaltet werden wie für Arbeitnehmer, also abgeschafft.

Antragsaltersgrenze

Auf Antrag können auch Beamte wie Arbeitnehmer auch in Zukunft mit 63 Jahren in den Ruhestand. Der Abschlag von der Rente bzw. Pension beträgt in diesem Fall jeweils 0,3 % pro Monat, bezogen auf die jeweils gültige Regelaltersgrenze.

Die Antragsaltersgrenze für Schwerbehinderte beträgt bislang sowohl für Arbeitnehmer als auch für Beamte einheitlich 60 Jahre. Für Arbeitnehmer und Bundesbeamte wird sie jedoch bis 2029 schrittweise auf 62 Jahre heraufgesetzt. Die Abschläge, die Schwerbehinderte hinnehmen müssen, wenn sie vorzeitig in den Ruhestand gehen, sind dabei auf maximal 10,8 % begrenzt. Arbeitnehmer müssen aber eine Mindestversicherungszeit (Wartezeit) von immerhin 35 Jahren erfüllen, um die vorzeitige Rente für Schwerbehinderte in Anspruch nehmen zu können. Besonders für Arbeitnehmerinnen ist diese Bedingung aufgrund von Familienpausen schwierig zu erfüllen. Solch eine Bedingung gibt es für Beamte natürlich nicht; Beamtinnen haben keine Probleme mit Lücken durch Familienphasen. Um dies gerechter zu machen, sollte die Wartezeit von 35 Jahren deshalb entweder auch für Beamte gelten oder aber für Rentner ebenfalls wegfallen.

Besondere Altersgrenzen

Für einige Beamte gibt es besondere Altersgrenzen. Polizisten, Justizbeamte, Feuerwehrleute und einige andere gehen wegen besonders hoher beruflicher Anforderungen teilweise schon mit 60 Jahren in den Ruhestand, also glatte fünf Jahre früher als Arbeitnehmer. Beamte bei der Flugsicherung und Flugkontrolle beenden ihr Berufsleben gar schon mit 55 Jahren. Wer mit 30 Jahren beamteter Fluglotse wird, dessen Arbeitsleben dauert ganze 25 Jahre.

Polizisten, Feuerwehrleute, Justizbeamte, Fluglotsen – das sind verantwortungsvolle Berufe. Das soll hier gar nicht in Abrede gestellt werden. Dennoch muss es erlaubt sein zu fragen, ob eine vorgezogene Altersgrenze heute überhaupt noch erforderlich ist.

Warum gibt es dieses Privileg? Die körperliche Belastung kann keine Begründung dafür sein. Irgendwelche Belege dafür, dass Polizisten oder Justizbeamte körperlich stärker belastet sind als etwa Handwerker oder Landwirte, gibt es nicht. Und schließlich arbeiten auch Frauen im Polizeidienst. Mangelnde Körperkraft bei älteren Menschen kann deshalb ebenfalls kein Grund dafür sein. Ein 65-jähriger Mann ist immer noch kräftiger als etwa eine 40-jährige Frau. Wenn es um die Körperkraft ginge, dann müssten Frauen von diesen Diensten ganz ausgeschlossen sein. Die Fitness kann hier nicht als Begründung dienen.

Vielleicht aber sind diese Berufe besonders gefährlich? Der Versicherungsdienst »Map-Report« hat anhand von Versicherungsstatistiken die gefährlichsten Berufe in Deutschland ermittelt (Map-Report 627-628). Es handelt sich um Dachdecker, Krankenpfleger, Schlachter, Tiefbauer, Maurer, Maler, Sozialarbeiter, Hilfsarbeiter und Betonbauer. Polizisten und Feuerwehrleute gehören nicht dazu. Und wofür gibt es eigentlich bereits seit langem die Polizeizulage, die Feuerwehrzulage und die Zulage für Justizvollzugsbeamte? Dachdecker erhalten keine Dachdeckerzulage und dürfen auch nicht aufgrund ihres gefährlichen Berufs früher in den Ruhestand gehen. Wenn die Gefährlichkeit des Berufs überhaupt ein tragfähiges Argument ist, so ist sie auf jeden Fall mit der monatlichen Zulage abgegolten. Für einen bis zu fünf Jahre früheren Ruhestand kann sie nicht als Rechtfertigung herangezogen werden.

Auch die psychische Belastung kann kein Argument dafür sein, diesen Beamten fünf Jahre zu schenken. Es gibt heutzutage viele Berufe, in denen man psychisch hoch belastet ist. Auch beispielsweise Krankenschwestern, Sanitäter oder Sozialarbeiter bekommen in ihren Berufen viel menschliches Elend zu sehen.

Wenn Polizisten gelegentlich in den Medien über ihre Berufszufriedenheit befragt werden, so zeigen sie sich in der Regel sehr zufrieden. Besonders gefällt ihnen die Abwechslung: Jeder Tag ist anders. Von einer übermäßig hohen Belastung ist in diesen Befragungen nicht die Rede. Nach einer Studie der Universität Potsdam sollen sogar Lehrer stärker belastet sein als Polizisten. Eine besondere Altersgrenze für Lehrer gibt es jedoch in den meisten Bundesländern nicht. Und auch monotone Tätigkeiten, wie etwa Kassiererin im Supermarkt oder Fließbandarbeit, sowie ungünstige Arbeitszeiten im Schichtbetrieb dürften psychisch wesentlich belastender sein. Die Kassiererin und der Schichtarbeiter bekommen allerdings nichts geschenkt. Sie müssen bis zum bitteren Ende, bis zur Regelaltersgrenze, durchhalten. Wer schickt die Kassiererin früher in Rente? Welcher (verbeamtete) Wissenschaftler führt entsprechende Studien durch?

Und das, was ein 59-jähriger Polizist kann, das kann ein 60-jähriger dann plötzlich nicht mehr? Eine solche pauschale Regelung hätten Arbeitnehmer und alle Beamten, die nicht unter dieses Privileg fallen, sicherlich auch gerne. Aber bei ihnen wird der Einzelfall betrachtet. In den Ruhestand kann man erst gehen, wenn man nicht mehr arbeits- bzw. dienstfähig ist. Diese individuelle Betrachtungsweise sollte auch für Polizisten, Justizbeamte und Feuerwehrbeamte gelten. Wenn jemand dienstunfähig ist, dann scheidet er aus dem Dienst aus, aber eben erst dann und nicht pauschal mit 60 Jahren.

Ein um fünf Jahre vorgezogener Ruhestand kostet den Steuerzahler bei einer Durchschnittspension von rd. 3.600 € im Monat dann insgesamt 210.000 €, fast eine halbe Million DMark. So viel Geld müsste ein Arbeitnehmer ansparen, um sich fünf Jahre zusätzliche Freizeit auf Beamtenniveau kaufen zu können. Das ist natürlich vollkommen unmöglich. Warum schenkt der Steuerzahler, also wir alle, warum schenken wir einigen Beamten so viel Geld? Ist es wirklich so belastend, Fußballer zu beschützen oder Schülern die Verkehrsregeln zu erklären?

Nein. Der einzige erkennbare Grund für fünf geschenkte Jahre lautet: Es war schon immer so. Dieses Privileg besteht schon seit weit über einhundert Jahren, fast seit Anbeginn des Beamtentums. Möglicherweise waren damals die Menschen wirklich mit 60 Jahren nicht mehr arbeitsfähig, wenn sie überhaupt so alt wurden. Seitdem sind sie jedoch erheblich gesünder und fitter geworden. Heutzutage ist man mit 60 Jahren nicht mehr alt. Und auch der Polizistenalltag ist durch den technischen Fortschritt immer leichter geworden, ebenso wie der Berufsalltag aller anderen Beschäftigten. Auch die Arbeitszeit selbst ist stetig gesunken. Wenn das Privileg des früheren Ruhestandes jemals gerechtfertigt war, so ist es heute doch nicht mehr zeitgemäß. Deshalb muss das Beamtenrecht auch an dieser Stelle an die veränderte Lebenswirklichkeit angepasst und das Privileg gestrichen werden. Solange es besteht, ist es nichts anderes als eine klammheimliche Einkommenserhöhung für die entsprechenden Beamten.

In einigen Bundesländern gibt es noch weitere Sonderregelungen: In Sachsen dürfen auch die Beamten im Krankenpflegedienst mit 60 Jahren in den Ruhestand gehen; in Schleswig-Holstein diejenigen aus der Fischereiaufsicht. Auch das sind ja besonders gefährliche Berufe – allerdings nur in Sachsen und Schleswig-Holstein. Man sieht an diesen Beispielen, dass die besonderen Altersgrenzen höchst willkürlich festgelegt wurden. In Baden-Württemberg gilt beispielsweise für Lehrer eine Altersgrenze von 64 Jahren. In Rheinland-Pfalz gilt die Altersgrenze von 60 Jahren nur im mittleren Polizeidienst, im gehobenen Dienst sind es dagegen 62 Jahre, im höheren Dienst gar 63. Und was rheinland-pfälzischen Polizisten zuzumuten ist, das sollte in den anderen Bundesländern doch auch möglich sein. Die Altersgrenze »60« ist nicht gottgegeben. Sogar das ansonsten sehr beamtenfreundliche Bundesverfassungsgericht hat entschieden, dass der Gesetzgeber einen weiten Spielraum hat und die besonderen Altersgrenzen auch verändern darf (Beschluss v. 23. Mai 2008). Allerdings muss es bei Erhöhungen der besonderen Altersgrenzen Vertrauensschutzregelungen zugunsten älterer Beamter geben.

Also: Ein Wegfall der besonderen Altersgrenzen ist rechtlich durchaus möglich. Und er ist tatsächlich geboten. Vertrauensschutzregelungen für ältere Beamte sollten dabei jedoch auf ein absolutes Minimum begrenzt werden. Im Prinzip sind sie überhaupt nicht erforderlich, denn das Vertrauen auf den Fortbestand von Ungerechtigkeiten verdient keinen Schutz. Aber solange das Bundesverfassungsgericht bei seiner beamtenfreundlichen sogenannten Rechtsprechung bleibt, muss der Steuerzahler solche Regelungen wohl leider hinnehmen.

Und schließlich gibt es noch ein weiteres »Zuckerl«: Als Ausgleich für den gesetzlich vorgeschriebenen früheren Ruhestand erhalten Beamte in diesen besonderen Berufsgruppen einen finanziellen Ausgleich in Höhe von 4.091 €, und zwar steuerfrei.

Auch davon können Rentner nur träumen. Egal aus welchem Grunde jemand vorzeitig in Rente geht, ob freiwillig oder weil er nicht mehr arbeiten kann: Gnadenlos wird ihm die Rente gekürzt. Einen Ausgleich für diese Kürzung in Form einer Sonderzahlung gibt es natürlich nicht.

Ein finanzieller Ausgleich für den früheren Ruhestand kann, wenn überhaupt, nur dann gerechtfertigt sein, wenn jemand gegen seinen Willen zwangsweise in Pension geschickt wird. Über Proteste seitens der betroffenen Beamten gegen die Pension mit 60 ist allerdings in der Öffentlichkeit bisher nichts bekannt geworden.

In der gesetzlichen Rentenversicherung für Arbeitnehmer gibt es dagegen keine Differenzierungen des Renteneintrittsalters nach der Berufsgruppe. Für alle gelten die gleichen Altersgrenzen. Ob ein Beruf monotoner, körperlich oder psychisch belastender, anstrengender oder gefährlicher ist als andere Berufe, das alles spielt keine Rolle. Alle werden über einen Kamm geschoren – und das sollte auch im Beamtenrecht gelten.

Hochschulausbildungszeiten

Nach dem bis 1977 geltenden Recht brachte ein Studium in der gesetzlichen Rentenversicherung bis zu 26 Entgeltpunkte im Wert von bis zu 679,40 DM im Monat ein. 1992 wurde dieser Höchstwert jedoch <u>rückwirkend</u> auf maximal 183 € im Monat verringert. 1996 erfolgte eine weitere Kürzung auf maximal 61 € monatlich. Wer schließlich ab 2009 in Rente geht, geht völlig leer aus.

Bisher wirkten sich noch bis zu drei Jahre einer Hochschulausbildung rentenerhöhend aus, weil dem Rentenkonto fiktive Beiträge in Höhe von 75 % des durchschnittlichen Entgelts gutgeschrieben wurden. Nach neuem Recht gibt es das jedoch nicht mehr. Diese neuerliche Verschlechterung kann einen Arbeitnehmer maximal 2,25 Entgeltpunkte (drei Jahre x 75 %) kosten, das entspricht 67 € im Monat.

Im Beamtenrecht dagegen zählen Ausbildungszeiten, ebenso wie Wehr- und Zivildienstzeiten und Zeiten als Angestellter im öffentlichen Dienst, dagegen als sogenannte Vor-Dienstzeiten. Diese Vor-Dienstzeiten werden so gewertet, als wären sie Dienstzeit gewesen, sie zählen also voll für die Pension. Auch vorgeschriebene Ausbildungen werden als Vor-Dienstzeit gewertet. Wer beispielsweise im Schreibdienst verbeamtet wird, erhält eine vorherige Ausbildung zum Bürokaufmann gutgeschrieben.

Hochschulausbildungen werden Beamten dagegen nach neuem Recht nur noch bis zu knapp zweieinhalb Jahren angerechnet, also ebenfalls nicht mehr über den kompletten Zeitraum. Dieses neue Recht für Beamte galt aber erst ab 2012, drei Jahre später als für Rentner. Wenn darüber hinaus ein Studium jedoch zwingend notwendig ist, um die Stelle als Beamter zu bekommen, dann werden auch bis zu vier Jahre anerkannt.

Im Rentenrecht gibt es solche Ausnahmen natürlich nicht. Wenn ein Studium Voraussetzung dafür ist, eine bestimmte Stelle zu bekommen und das entsprechende Einkommen zu erzielen, so wirkt sich das nicht rentensteigernd aus. Wer einen Arbeitsplatz als Rechtsanwalt ergattern möchte, der muss zwingend studieren. Die Studienzeit wird ihm jedoch nicht angerechnet, während der verbeamtete Jurist vier Jahre dafür gutgeschrieben bekommt.

Da die Pension von Beamten höher ist als die Rente von Arbeitnehmern, wirkt sich die gekürzte Anrechnung von Hochschulausbildungen bei ihnen in absoluten Zahlen, in Euro, stärker aus. Deshalb wurden die Einbußen für Beamte gemildert, nämlich gedeckelt auf den Verlust, den studierte Rentner hinnehmen müssen. Die Nicht-Anerkennung des Studiums kostet einen Rentner maximal 67 €. Damit der Verlust auch für Beamte absolut gesehen nicht höher ausfällt als für Rentner, werden ihnen nach einer komplizierten Formel noch 855 Tage Studienzeiten angerechnet, also knapp zweieinhalb Jahre.

Die verquaste Logik dabei ist folgende: Weil Rentner von ihrer Rente nicht leben können, haben sie in der Regel noch anderweitig vorgesorgt, etwa mit Lebensversicherungen, Aktien, Immobilien oder einer Betriebsrente. Bei diesen anderen Vorsorgearten wirken sich Kürzungen der Ausbildungszeiten nicht aus.

Pensionäre werden durch die Pension jedoch voll versorgt. Andere Vorsorgearten haben sie nicht nötig. Kürzungen wirken sich bei ihnen deshalb auf die komplette Altersversorgung aus, die eben nur aus der Pension besteht. Das führt dazu, dass Rentner besser dastehen als Pensionäre. Wenn die Altersversorgung in beiden Systemen »gleich« gekürzt wird, wirkt sich das bei Beamten übermäßig aus. Bei Rentnern verschlechtert sich nur ein Teil ihrer gesamten Altersvorsorge, bei Pensionären jedoch die komplette Vorsorge – und das ist nicht gerecht. Deshalb ist es notwendig, dass bei Beamten weniger stark gekürzt wird, damit sie nicht im Vergleich zu Rentnern übermäßig von der Kürzung betroffen werden.

Was in dieser Logik allerdings nicht bedacht wird, ist Folgendes: In den (unterstellten) zusätzlichen Vorsorgeformen von Rentnern wie etwa Lebensversicherungen, Aktien oder Immobilien sind ohnehin keine Gutschriften für Ausbildungszeiten enthalten. Eine Immobilie ist nicht deswegen mehr wert, weil der Rentner, dem sie gehört, einmal studiert hat. Auch der Lebensversicherungsgesellschaft ist das Studium ihres Versicherungsnehmers recht egal. Und auch der Betriebsrente sind Begriffe wie Ausfallzeiten, Anrechnungs- oder Wartezeiten völlig unbekannt. Es ist zwar richtig, dass alle diese Vorsorgeformen von der gekürzten Anrechnung von Ausbildungszeiten nicht betroffen sind, aber es war auch von Anfang an kein Anteil für die Ausbildung darin enthalten.

Die geschilderte Argumentation ist wirklich nicht zu fassen: Bei den alljährlich anstehenden Erhöhungen der Renten und der Pensionen ist noch niemals gefordert worden, die Erhöhung der Pensionen in absoluten Euro-Beträgen auf die Erhöhung der Renten in absoluten EuroBeträgen zu deckeln. Nein, erhöht wird natürlich prozentual, und weil die Pensionen höher sind als die Renten, fällt die absolute Erhöhung in Euro für die Pensionäre höher aus als für die Rentner. Bei Kürzungen soll das hingegen wieder nicht gelten, sondern jetzt sollen die absoluten Euro-Beträge bei Pensionen und Renten plötzlich gleich sein. Das ist grotesk.

Im Ergebnis werden Hochschulausbildungszeiten für Beamte weiterhin (teilweise) angerechnet, für Arbeitnehmer dagegen nicht, und darin liegt eine grobe Ungleichbehandlung. Hier muss der Gesetzgeber tätig werden und für Gerechtigkeit sorgen. Ebenso muss der Zeitpunkt, ab dem die Verschlechterung gilt, nachträglich harmonisiert werden: Entweder tritt die Kürzung der Anerkennungszeiten der Hochschulausbildung auch für Pensionäre ab 2009 in Kraft, oder sie gilt auch für Rentner erst ab 2012. Für eine unterschiedliche Behandlung gibt es keinen vernünftigen Grund.

Wieder einmal zeigt sich das typische Muster, dass Verschlechterungen für Arbeitnehmer und Rentner für Beamte nur verspätet umgesetzt werden, wenn überhaupt, und dann auch nicht wirkungsgleich.

Es bleibt zu hoffen, dass sich einige mutige Neu-Rentner finde, die die Ungleichbehandlung nicht hinnehmen und gegen ihren Rentenbescheid zunächst Widerspruch bei der Rentenversicherung einlegen und dann auch Klage vor den Sozialgerichten.

Kindererziehungszeiten

Die Rentenhöhe wird auch durch Kindererziehungszeiten beeinflusst. Derjenige Elternteil, der sich der Kindererziehung widmet, wird von der Rentenversicherung ab Geburt des Kindes drei Jahre lang so behandelt, als ob er in dieser Zeit berufstätig gewesen wäre und dabei durchschnittlich verdient hätte. Das heißt, ihm wird pro Jahr ein Entgeltpunkt gutgeschrieben, der 2015 im Westen gut 29 € wert ist. Somit steigert die Kindererziehungszeit die Rente um 87 €. Die Anzahl der Kinder beeinflusst jedoch nicht die Höhe der Steigerung. Auch wenn eine Familie bereits mehrere Kinder hat und ein Elternteil die Erziehungszeit in Anspruch nimmt, wird nur ein Entgeltpunkt pro Jahr gutgeschrieben.

Arbeitnehmern wird darüber hinaus die Zeit bis zum 10. Geburtstag des Kindes als Anrechnungszeit berücksichtigt, wenn sie in dieser Zeit nicht ohnehin arbeiten. Wer in dieser Zeit kein rentenversicherungspflichtiges Einkommen erzielt, dem wird für die spätere Rente ein Drittel des Durchschnittseinkommens angerechnet. Dies gilt allerdings nur dann, wenn er mehrere Kinder erzieht. Wer Einkommen erzielt und Rentenversicherungsbeiträge leistet, dem werden diese Beiträge um 50 % erhöht, maximal bis zum Durchschnittseinkommen. Bei mehreren Kindern werden diese Zeiten aber ebenfalls nicht mehrfach angerechnet oder aufgewertet, sondern nur einfach, und zwar bis zum zehnten Geburtstag des jüngsten Kindes. Weitere Bedingung ist es, dass insgesamt mindestens 25 Jahre rentenrechtliche Zeiten vorhanden sind.

Für Beamte gelten überraschenderweise die gleichen Regelungen. Sie werden während der Erziehungszeiten ohne Besoldung beurlaubt. Diese Zeiten sind somit keine ruhegehaltsfähigen Dienstzeiten. Ihre Pension erhöht sich durch die Kindererziehung ebenso wie die Rente, also in den ersten drei Jahren um 29 € pro Jahr, danach bis zum zehnten Geburtstag des Kindes um ein Drittel bis zur Hälfte des Durchschnittseinkommens.

In Bezug auf die Kindererziehungszeiten werden also Arbeitnehmer und Beamte tatsächlich gleich behandelt, und zwar einfache, mittlere, gehobene und höhere Beamte gleichermaßen. Objektiv liegt hier ein Verstoß gegen das strenge Alimentationsprinzip vor, denn höhere Beamte werden im Vergleich zu einfachen Beamten nicht amtsangemessen alimentiert. Und die Pension, die ja eine Vollversorgung darstellen soll, erhöht sich durch Erziehungszeiten nicht stärker als die Rente, die nur als Teilversorgung konzipiert ist, und zwar, ohne dass bisher Klagen darüber bekannt geworden wären. Na also – es geht doch! Das Alimentationsprinzip kann durchaus modern interpretiert werden. Der Gedanke, der sich bei der Erhöhung der Altersversorgung durch Kindererziehung durchgesetzt hat, nämlich im Endergebnis trotz der Unterschiedlichkeit der beiden Systeme Gerechtigkeit herzustellen, kann und muss nun auf alle anderen Bereiche übertragen werden.

(Für Beamtenkinder, die vor 1991 geboren wurden, gibt es allerdings noch eine Übergangsregelung: Ein halbes Jahr pro Kind wird pauschal als ruhegehaltsfähige Dienstzeit angerechnet. Eine vollständige Gleichstellung von Beamten und Arbeitnehmern gibt es also noch nicht. Für diese Übergangsregelung gibt es keinen Bedarf und keine innere Legitimation. Sie sollte gestrichen werden.)

Wehr- und Zivildienst

Für die Zeit, in der ein Arbeitnehmer Wehr- oder Zivildienst leistet, übernimmt der Bund als pauschalen Beitrag in die Rentenkasse 60 % des Durchschnittseinkommens aller Versicherten (vor 1981 waren es noch 100 %, danach ist der Wert immer mehr reduziert worden). Ein Jahr Wehr- oder Zivildienst ergibt danach zurzeit eine monatliche Rentenerhöhung um 17,52 €.

Für Beamte hingegen zählen Wehr- und Zivildienstzeiten komplett als ruhegehaltsfähige Dienstzeiten. Bei einer Pension von 3.600 € nach 40 Dienstjahren entfallen auf ein Jahr Wehr- oder Zivildienst rechnerisch also 90 €. Die Reduzierung der Beiträge für Arbeitnehmer von ursprünglich 100 % auf jetzt 60 % des Durchschnittseinkommens wurde in keiner Weise in das Beamtenrecht übertragen. Auch im Hinblick auf die Wehr- oder Zivildienstzeit sind also Beamte erheblich bessergestellt als Arbeitnehmer.

Eine systemgerechte Übertragung in das Beamtenrecht wäre es, wenn diese Zeiten nur zu 60 % als ruhegehaltsfähige Dienstzeit gewertet würden. Aber auch dadurch ließe sich nur Gerechtigkeit innerhalb des Systems erzielen, während ansonsten die bisherige Ungerechtigkeit bestehen bliebe, die auf das System selbst zurückzuführen ist.

Wirkliche Gerechtigkeit würde erst dann erreicht, wenn durch ein Jahr Wehr- oder Zivildienst die Pension für Beamte in absoluten Euro-Beträgen in gleicher Höhe steigen würde wie die Rente für Arbeitnehmer. Aktuell dürfte sie also um nicht mehr als 17,52 € steigen.

Dass eine solche Regelung möglich ist, zeigt das Beispiel der Kindererziehungszeiten. Und sie ist nicht nur möglich, sondern auch dringend erforderlich.

Das Rentenurteil des Bundesverfassungsgerichtes

Das Urteil vom 6. März 2002

Bevor die Besteuerung von Renten und Pensionen 2005 neu geregelt wurde, lag der wesentliche Unterschied darin, dass Pensionen vollständig der Einkommensteuer unterlagen, Renten aber nur mit dem sogenannten Ertragsanteil von in der Regel 27 %. Jahrzehntelang ging das gut, bis das Bundesverfassungsgericht im Jahre 2002 diese unterschiedliche Behandlung für unzulässig erklärte. Damit nahm das Unheil seinen Lauf.

Der konkrete Fall betraf dabei das Jahr 1996. Bereits seit 1980 hatte das Bundesverfassungsgericht angemahnt, dass Rentner im Vergleich zu Pensionären steuerlich zu gut gestellt seien; bis 1995 war diese Ungerechtigkeit aber noch erträglich gewesen. 1996 wurde jedoch der steuerliche Grundfreibetrag, also das steuerfreie Existenzminimum, deutlich erhöht, und zwar von 5.616 DM auf 12.096 DM für Ledige bzw. von 11.232 DM auf 24.192 DM für Verheiratete.

Diese starke Erhöhung des Grundfreibetrages führte dazu, dass die meisten Rentner nun überhaupt keine Steuern mehr zahlen mussten, weil ihre Renten dafür zu niedrig ausfielen. Für Pensionäre ergab sich dieser Effekt hingegen nicht. Sie sparten zwar durch den höheren Grundfreibetrag ebenfalls Steuern, aber bis auf null sank ihre Steuerlast nicht ab, weil Pensionen eben viel höher sind als Renten. Es ist schwierig, darin eine Ungerechtigkeit zu erkennen.

Ein Pensionär klagte dennoch vor dem Finanzgericht Münster. Ihm war der Versorgungsfreibetrag, den Pensionäre zum Ausgleich dafür erhalten, dass die Arbeitgeberbeiträge zur Rentenversicherung für den Arbeitnehmer steuerfrei sind, für 1996 zu niedrig. Das Finanzgericht Münster legte die Frage dem Bundesverfassungsgericht vor.

Um das Problem zu beheben, hätte es im Grunde genügt, wenn die Richter schlichtweg angeordnet hätten, den Versorgungsfreibetrag für 1996 zu erhöhen. Es wäre auch denkbar gewesen, festzulegen, dass Rentner die Hälfte ihrer Rente, die aus dem steuerfreien Arbeitgeberbeitrag stammt, voll versteuern müssen, und im Gegenzug ebenfalls den Versorgungsfreibetrag erhalten. Für den Durchschnittsrentner hätte das praktisch keine Auswirkungen gehabt, weil die steuerliche Einkommenserhöhung und der Versorgungsfreibetrag sich gegenseitig wieder aufgehoben hätten. Oder es hätte angeordnet werden können, dass die Rentner die Hälfte ihrer Rente voll versteuern müssen und keinen Versorgungsfreibetrag erhalten, und dass im Gegenzug auch der Versorgungsfreibetrag für Pensionäre wegfällt. All das wären einfache, unbürokratische und gerechte Maßnahmen gewesen.

Die Verfassungsrichter aber sahen ihre Chance gekommen – und holten zum ganz großen Schlag aus. Am 6. März 2002 wurde schließlich das Urteil verkündet: Rentnern geht es gegenüber Pensionären zu gut! Es liegt ein Verstoß gegen den Gleichbehandlungsgrundsatz (Art. 3 Grundgesetz) vor, den der Gesetzgeber beheben muss.

Zur Begründung führt das Verfassungsgericht aus, dass Pensionäre aufgrund der Steuerprogression stärker belastet werden als Rentner, insbesondere dann, wenn sie noch Nebeneinkünfte haben, etwa aus Vermietung oder aus Kapitalvermögen. Dass während der Phase der aktiven Tätigkeit jedoch gerade das Umgekehrte gilt, dass nämlich Arbeitnehmer aufgrund der Progression höher belastet sind als Beamte, wird von den Richtern dabei unterschlagen.

Tatsächlich stammen die Renten zur Hälfte aus Arbeitgeberbeiträgen, die während der Einzahlphase steuerfrei waren. Deshalb könnte man es durchaus als konsequent ansehen, wenn die Hälfte der Renten besteuert wird.

Nun lag die durchschnittliche Rente nach Kranken- und Pflegeversicherungsbeitrag aber bei 700 € im Monat oder 8.400 € im Jahr. Das heißt, dass die Hälfte dieses Betrages, also 4.200 € im Jahr, nicht voll besteuert wurde, sondern nur mit dem Ertragsanteil von 27 %. 73 % dieser 4.200 €, also 3.000 €, wurden dann also zu Unrecht nicht besteuert. Und genau in dieser Höhe lag eben auch der Versorgungsfreibetrag der Pensionäre, der 1966 eben deshalb eingeführt wurde, um diese (angebliche) Schieflage zu beseitigen. Von einer Ungleichbehandlung kann also keine Rede sein, nicht einmal bei diesem Punkt, der zu Unrecht herausgegriffen und isoliert betrachtet wurde. Unter Berücksichtigung des Versorgungsfreibetrages wurden Renten und Pensionen jeweils gleich besteuert.

Das Bundesverfassungsgericht zieht als Begründung für die angeblich verfassungswidrige Ungleichbehandlung auch das Argument heran, dass die Renten zum Teil aus dem Bundeshaushalt bezahlt werden, also aus Steuermitteln, und nicht aus eigenen Beiträgen der Rentner. Das ist zweifellos richtig, aber das Gericht verschweigt dabei, dass durch diese Bundeszuschüsse in die Rentenkasse Leistungen abgedeckt werden, die aus politischen Gründen gewährt wurden und denen keine Beitragsleistungen gegenüberstehen. Bei diesen Leistungen handelt es sich vor allem um Fremdrenten.

Diese zu zahlen, ist aber Aufgabe der Allgemeinheit und nicht der Rentenkasse. Das Bundesverfassungsgericht hat also bestimmte Argumente in selektiver Wahrnehmung herangezogen, um ein bestimmtes Ergebnis zu erzielen.

Der Gesetzgeber hätte nun auf das Urteil des Verfassungsgerichtes reagieren können, indem er bestimmt hätte, dass Beamte wie ganz normale Arbeitnehmer in die Rentenkasse einzahlen müssen und im Alter eine entsprechende Rente bekommen. Das wäre einfach und gerecht gewesen.

Stattdessen aber schuf er ein Monstrum, das Alterseinkünftegesetz, das ab 2005 die alte Rentenbesteuerung ablöste. Nach diesem Gesetz werden im Ergebnis jetzt also Renten und Pensionen angeblich »gleich« besteuert, und zwar mit einer Übergangsphase, die bis zum Ende dieses Jahrhunderts reicht. Während dieser Übergangsphase werden Rentner teilweise doppelt besteuert, weil sie ihre aus bereits versteuertem Einkommen geleisteten Einzahlungen bei der Auszahlung noch einmal versteuern müssen. Begründet wird das damit, dass die bisherige Form der Besteuerung nicht dem Gleichheitsgebot des Art. 3 des Grundgesetzes entsprochen habe und für eine Übergangsphase die – an sich verfassungswidrige – Doppelbesteuerung hingenommen werden müsse.

Die zahlreichen Punkte, in denen Pensionäre gegenüber Rentnern privilegiert sind (die Pension wird nach dem letzten Einkommen statt nach dem Durchschnittseinkommen berechnet; die Höhe der Pension beträgt 75 % des aktiven Einkommens nach 35 Jahren, die Eckrente dagegen nach 45 Jahren nur 48 % ...) sind dagegen nach Ansicht des Verfassungsgerichts völlig in Ordnung und mit dem Gleichbehandlungsgrundsatz vereinbar.

Die Rechtsprechung des BverfG sieht im Allgemeinen so aus: Wenn Beamte einen Vorteil gegenüber Arbeitnehmern haben, so ist das in Ordnung, weil die Systeme, nach denen Beamte bzw.

Arbeitnehmer bezahlt werden, eben völlig unterschiedlich und deshalb nicht vergleichbar sind. Wenn aber ausnahmsweise einmal Arbeitnehmer einen Vorteil gegenüber Beamten haben, dann greift das Gleichheitsgebot des Grundgesetzes ein. Und das sogar dann, wenn der angebliche Vorteil des Arbeitnehmers gegenüber dem Beamten nur auf abenteuerlichen Rechenkunststücken beruht.

Das Bundesverfassungsgericht spielt hier mit zwei unterschiedlichen Grundsätzen, nämlich einerseits dem Gleichheitsgebot (Art. 3 GG) und andererseits der Beamtenbesoldung nach hergebrachten Grundsätzen (Art. 33 GG). Es wird jeweils der Grundsatz herangezogen, der für Beamte günstiger ist. Unsere Verfassungsrichter sprechen kein Recht. Sie machen Politik. Politik pro domo.

Die Winkeladvokaten des Verfassungsgerichts haben hier einmal die hergebrachten Grundsätze des Berufsbeamtentums, die sie sonst so hochhalten, außer Kraft gesetzt, weil das für Beamte günstiger war.

Wenn sich aus den hergebrachten Grundsätzen ein Vorteil für Beamte gegenüber Nicht-Beamten ergibt, so ihre Sichtweise, dann ist das eben so; das liegt daran, dass die Systeme so unterschiedlich sind, und die hergebrachten Grundsätze müssen eingehalten werden. Wenn sich allerdings aus den hergebrachten Grundsätzen ausnahmsweise einmal ein Nachteil ergibt, dann ist das verfassungswidrig und die Gleichheit muss wiederhergestellt werden. Die Lasten, die sich aus unvermeidlichen Übergangsregelungen ergeben, müssen Arbeitnehmer und Rentner tragen.

Und dabei ist die nachgelagerte Besteuerung von Pensionen nicht einmal zwingend ein Nachteil für die Beamten. Als Nachteil kann man sie nur dann ansehen, wenn man aus der Fülle der Regelungen zu Renten und Pensionen eine einzige isoliert herausgreift, diese ein wenig verdreht und zurechtinterpretiert und dann Renten und Pensionen miteinander vergleicht. Das ist etwa so, als wenn wir Europäer armen Afrikanern eine Sondersteuer abverlangen würden als Ausgleich dafür, dass sie besseres Wetter haben als wir. Ebenso könnte man der Auffassung sein, Rollstuhlfahrer seien besser dran, weil sie den ganzen Tag geschoben werden. Der Staat müsse hier nun Gerechtigkeit herstellen und jedem Bürger eine Pflegekraft finanzieren. Oder man verlangt Frauen eine Sondersteuer ab, weil sie länger leben.

Mit einigen geistigen Klimmzügen kann man praktisch alles rechtfertigen, und sei es noch so absurd. Und so haben die Bundesverfassungsrichter viel Gehirnschmalz darauf verwendet, den Rentnern klarzumachen, dass sie eigentlich viel besser dran sind als die Pensionäre. Und zwar um so vieles besser, dass es verfassungswidrig ist und der Staat unbedingt für Gerechtigkeit sorgen muss, ansonsten darf er die Beamtenpensionen überhaupt nicht mehr besteuern. Dieses Urteil ist unterirdisch. Keinem Amtsrichter würde man ein solches Urteil durchgehen lassen; keinem Studenten eine solche Klausurlösung.

Dennoch hat das Urteil einen wahren Kern: Die verschiedenen Systeme für Arbeitnehmer und Beamte müssen letztlich zu einem vergleichbaren Ergebnis führen. Das ist die Substanz aus diesem Urteil. Praktisch angewandt wird dieser Grundsatz aber immer nur zugunsten von Beamten. Eine notwendige Besserstellung von Arbeitnehmern oder Schlechterstellung von Beamten wird dagegen abgelehnt. In solchen Fällen gilt, das die Systeme eben so verschieden sind und nicht zu vergleichen.

Scheingewinnbesteuerung

In unserem Steuersystem gilt das Nominalprinzip. Das bedeutet, dass Gewinne auch dann zu versteuern sind, wenn sie nur auf der Inflation beruhen und gar keine »echten« Gewinne sind. Wer z. B. 1.000 € für ein Jahr zu 5 % Zinsen anlegt, erhält am Ende 1.050 €

zurück. Wenn nun die Inflationsrate ebenfalls 5 % betrug, so hat er eigentlich gar nichts verdient. Dennoch muss er diesen »Scheingewinn« versteuern. Nach Steuern hat er in Wirklichkeit sogar Geld verloren; seine Vermögensposition hat sich verschlechtert.

Bei niedrigen Inflationsraten und kurzfristigen Anlagen wirkt sich das nicht so gravierend aus, und man muss es hinnehmen. Bei langfristigen Anlagen wie der Altersversorgung wird die Scheingewinnbesteuerung jedoch zu einem echten Problem. In unseren Steuergesetzen gibt es deshalb einige Vorschriften, die sie abmildern, etwa die Reinvestitionsrücklage (§ 6 b EStG), den halben Steuersatz für außerordentliche Einkünfte wie z. B. Betriebsveräußerungen (§§ 16, 17, 24 EStG) oder auch die hälftige oder ganze Steuerbefreiung für Erträge aus Lebensversicherungen.

Bei Anlageformen, die typischerweise langfristig konzipiert sind, ist der Gesetzgeber aus der Eigentumsgarantie des Grundgesetzes heraus (Art. 14 GG) verpflichtet, die Inflationsgewinnbesteuerung abzumildern. Und zu diesen langfristigen Anlagen gehören ganz besonders auch die Einzahlungen in die Rentenkasse, die später – »verzinst« – als Rente wieder zurückfließen. Die in den Rentenzahlungen enthaltenen Zinsgewinne beruhen aber zum großen Teil schlicht auf der Inflation. Es war deshalb vollkommen sachgerecht, dass diese fiktiven Zinsgewinne früher nicht voll besteuert wurden.

Bis einschließlich 2004, vor dem Inkrafttreten des Alterseinkünftegesetzes, wurden Renten deshalb nur mit dem sogenannten Ertragsanteil besteuert, der vom Lebensalter des Rentenempfängers abhängig war. Dieser Ertragsanteil betrug z. B. bei einem 65-Jährigen 27 %. Rein rechnerisch, also finanzmathematisch, waren diese 27 % ein relativ niedriger Satz, denn die tatsächlichen »Zinsen«, die in der Rente enthalten sind, sind deutlich höher. Trotzdem war diese Verfahrensweise genau richtig: Was – zu Recht – für jemanden gilt, der seinen Betrieb veräußert oder dem eine Lebensversicherung ausgezahlt wird, nämlich eine ermäßigte

Besteuerung, das muss auch für Rentner gelten. Die angebliche »niedrige« Besteuerung der Renten war deshalb völlig sachgerecht, denn sie hatte den Zweck, eine Schwäche des Steuersystems, die Scheingewinnbesteuerung, abzumildern. Von einer Besserstellung von Rentnern gegenüber Pensionären konnte deshalb keine Rede sein.

Aber selbstverständlich hat das Verfassungsgericht auch diesen Gedanken in seinem Urteil nicht berücksichtigt, obwohl er sich geradezu aufdrängt.

Artikel 14 unseres Grundgesetzes gewährleistet das Eigentum, und zu diesem geschützten Eigentum gehört auch der Rentenanspruch. Die Besteuerung der Renten ist deshalb ein – allerdings grundsätzlich zulässiger – Eingriff in das Eigentumsrecht. Jedoch darf die Steuer keine erdrosselnde Wirkung haben. Eine Besteuerung im Übermaß ist deshalb nicht zulässig. Die Rente muss in ihrer Substanz erhalten bleiben. Sie muss – auch noch nach Einkommensteuer – die Existenz sichern. Die angeblich zu niedrige Besteuerung der Renten war auch deshalb tatsächlich nicht mehr als recht und billig.

Wenn man darüber hinaus noch den Versorgungsfreibetrag berücksichtigt, den Pensionäre als Ausgleich für den steuerfreien Arbeitgeberanteil der Arbeitnehmer bekommen, dann muss man den Ertragsanteil eigentlich nur auf die Hälfte der Rente beziehen, die der Rentner mit seinem Arbeitnehmeranteil selbst finanziert hat. Der ach so niedrige Ertragsanteil eines 65-Jährigen von 27 % verdoppelt sich dann auf 54 %. Und das ist keineswegs mehr zu niedrig, sondern nur angemessen.

Zusammenfassend ist also zu sagen, dass auch unter dem Aspekt der Scheingewinnbesteuerung Rentner bis 2004 nicht gegenüber Pensionären privilegiert waren. Die Besteuerung von Renten und Pensionen, wie sie damals galt, war einwandfrei, und es bestand kein Anlass für eine Systemumstellung. Das Urteil des Verfassungsgerichtes war deshalb falsch.

Doppelbesteuerung

Dieses fehlerhafte Urteil wurde schließlich auf eine Weise umgesetzt, die zu einer verfassungswidrigen Doppelbesteuerung der Rentner führte, denn Rentenbeiträge, die die Arbeitnehmer aus ihrem bereits versteuerten Nettoeinkommen bezahlt hatten, müssen bei der Auszahlung als Rente noch einmal versteuert werden.

Betrachtet man als Beispiel jemanden, der mit 65 Jahren Rentner wurde, so wurde der steuerpflichtige Teil seiner Rente von bisher 27 % in einem Schritt auf 50 % erhöht, also fast verdoppelt. Bis zum Jahre 2040 wird dieser Anteil sukzessive auf 100 % steigen, das heißt, dann ist die Rente komplett steuerpflichtig.

Für Beamte wird im Gegenzug der Versorgungsfreibetrag abgeschmolzen, und zwar bis zum Jahr 2040 auf null. Aber bei diesem Abschmelzen fehlte der erste scharfe Schnitt. Während der steuerpflichtige Teil der Rente von 2004 auf 2005 in einem Schritt fast verdoppelt wurde, blieb der Versorgungsfreibetrag zunächst unangetastet und sinkt von 2006 bis 2040 linear. Korrespondierend mit dem Vorgehen bei der Rente hätte er bereits 2005 fast halbiert werden müssen. Rentner und Pensionäre sind auch hier wieder einmal ungleich behandelt worden. Die Lasten der Übergangsphase werden einseitig den Rentnern aufgebürdet. Aber es ist noch nicht zu spät: Der Fehler kann immer noch korrigiert werden, indem der Versorgungsfreibetrag korrespondierend zur annähernden Verdoppelung des steuerpflichtigen Anteils der Rente annähernd halbiert wird.

Noch besser wäre es allerdings, das Alterseinkünftegesetz komplett einzustampfen und Beamte in die gesetzliche Rentenversicherung einzubeziehen.

Furchtbare Juristen

In einem kürzlich erschienenen Bestseller geißelte Norbert Blüm, der ehemalige Bundesarbeitsminister, die Willkür der Familiengerichte und belegte dies mit eindrucksvollen Beispielen. Solch eine Willkür ist allerdings nicht auf die Familiengerichte beschränkt. Auch die Steuerrechtsprechung der Finanzgerichte und bis hinauf zum Bundesverfassungsgericht ist nicht frei davon.

So hatten wir einmal ein einfaches und praktibles Rentenrecht. Beamte mussten ihre Pension voll versteuern, weil sie ja auch nichts eingezahlt hatten; Rentner versteuerten dagegen nur den sogenannten Ertragsanteil, weil sie die Hälfte ihrer Einzahlungen aus versteuertem Einkommen geleistet hatten. Zum Ausgleich für den steuerfreien Arbeitgeberanteil zur Rentenversicherung erhielten Pensionäre den Versorgungsfreibetrag.

Mit dem Rentenurteil vom 6. März 2002 richtete das Bundesverfassungsgericht dann ein Tohuwabohu an, anstatt einfach den Versorgungsfreibetrag für Beamte zu erhöhen, wenn man das bisherige Recht schon für ungerecht den Beamten gegenüber hielt; oder die Beamten in die gesetzliche Rentenversicherung einzubeziehen.

Schon die Rürup-Kommission, die das Renteneinkünftegesetz erarbeitet hat, hat das Problem gesehen, das es in der Übergangszeit, bis das neue Recht voll greift, mindestens bis 2040, zu einer verfassungswidrigen Doppelbesteuerung kommen kann, wenn Renten, die teilweise aus versteuertem Einkommen gebildet wurden, bei ihrer Auszahlung nochmals besteuert werden. Die Kommission hat sich etwas verdruckst darum herumgemogelt mit dem Argument, im Steuerrecht gelte das Nominalwertprinzip, deshalb sei das schon in Ordnung so.

Klagen gegen die Doppelbesteuerung wurden abgewiesen. Ein aktiver Arbeitnehmer musste sich vom Bundesfinanzhof sagen lassen, dass er doch bitte erst einmal warten solle, bis er Rentner wird (im Jahr 2039), erst dann kann man wirklich beurteilen, ob er Einkommensteile doppelt besteuern muss (BFH X R 34/07).

Als dann tatsächlich Rentner klagten, zog sich der BFH dann auf das Nominalwertprinzip zurück und verneinte eine Doppelbesteuerung (u. a. BFH X R 52/08 und X R 53/08).

Der Kläger Herr Jochen Pleines hat das sehr übersichtlich auf seiner Internetseite dargestellt. Herr Pleines und einige andere klagten gegen die Entscheidungen des Bundesfinanzhofes vor dem Bundesverfassungsgericht. Die Verfassungsbeschwerde von Herrn Pleines (2 Bvr 1066/10) stammt vom 14. Mai 2010. Mit Beschluss vom 29. September 2015 hat das BVerfG diese und zwei andere Verfassungsbeschwerden nicht zur Entscheidung angenommen.

Schon die Dauer des Verfahrens vor dem Verfassungsgericht mit fünfeinhalb Jahren ist skandalös. Umso mehr die Entscheidung, sich nicht weiter damit zu befassen. Die Begründung dieses Beschlusses gibt einem dann endgültig den Rest:

Zum einen müssten die Rentner etwaige Nachteile während der Übergangszeit im Sinne einer einfachen und praktikablen Regelung hinnehmen!

Zum anderen liege überhaupt keine Doppelbesteuerung vor. Denn im Steuerrecht gelte das Nominalwertprinzip. Vereinfacht gesagt bedeutet das, dass die Inflation im Steuerrecht keine Rolle spielt. Dazu ein Beispiel:

Ein Arbeitnehmer hat Anfang der sechziger Jahre monatlich 100 € in die Rentenkasse eingezahlt, davon die Hälfte aus seinem Bruttoeinkommen, die andere Hälfte steuerfrei als Arbeitgeberanteil.

Nunmehr bekommt er als Rentner 700 € heraus. So hoch war die Inflation in 50 Jahren. In welcher Höhe darf seine Rente besteuert werden, damit das Verbot der Doppelbesteuerung eingehalten wird?

Der gesunde Menschenverstand sagt 350 €. Das Bundesverfassungsgericht sagt 650 €. 50 € müssen unangetastet bleiben, denn sie wurden aus dem Bruttoeinkommen eingezahlt. Inflation spielt im Steuerrecht keine Rolle. Mit Hilfe dieses Kniffes schließen die Richter das Entstehen einer Doppelbesteuerung fast völlig aus. Heutige Rentner bekommen in jedem Fall viel mehr steuerfrei ausgezahlt, als sie jemals steuerpflichtig eingezahlt haben.

Die Auffassung des Bundesverfassungsgerichtes ist allerdings willkürlich. Denn mit dem gleichen Recht kann man sagen, dass heutige Rentner in jedem Fall viel mehr versteuern müssen, als sie jemals steuerfrei eingezahlt haben (ja sogar als sie insgesamt steuerfrei und steuerpflichtig eingezahlt haben).

Beide Sichtweisen sind gleichwertig, nämlich richtig und falsch zugleich. Denn man kann hier mit dem Nominalwertprinzip überhaupt nicht argumentieren. Das Nominalwertprinzip taugt nicht für die Beurteilung einer möglichen Doppelbesteuerung.

Das Bundesverfassungsgericht hat nun den politischen Betrug, den es mit seinem Urteil vom 6. März 2002 selbst initiiert hat, jetzt auch juristisch abgesegnet – in einer mehr als fragwürdigen Weise.

Für die Fachleute, die etwas tiefer einsteigen möchten, verweise ich an dieser Stelle auf zwei frühere Aufsätze von mir: »Alterseinkünftegesetz – Nominalwertprinzip oder private Vermögensebene?«, in: Erben und Vermögen 6/2010, NWB-Verlag; sowie »Verbot der Doppelbesteuerung strikt zu beachten«, in: KSR direkt 3/2010, NWB-Verlag.

Rentenkürzungen

Rentenreform 2001

Mit der Rentenreform 2001 wurden unter der rot-grünen Bundesregierung, auch mit Zustimmung der Union, die Rentenabschläge eingeführt. Für jeden Monat, den ein Arbeitnehmer danach vor dem 65. Lebensjahr Rente in Anspruch nimmt, wird diese um 0,3 % reduziert. Der maximale Abschlag beträgt somit 18 % und gilt, wenn der Arbeitnehmer mit 60 Jahren in den Ruhestand geht. Wenn er jedoch insgesamt 45 Beitragsjahre erreicht hat, wird kein Abschlag fällig. Diese 45 Jahre erreicht allerdings nur jeder fünfte Arbeitnehmer. Bei Erwerbsminderungsrenten wurde der maximale Abschlagsatz auf 10,8 % festgelegt.

Tatsächlich beträgt der Abschlag jedoch mehr als 0,3 % pro Monat. Denn ein Arbeitnehmer, der früher in den Ruhestand geht, erhält nicht die Rente, die er mit 65 Jahren bekommen hätte abzüglich des Abschlags, sondern die Rente, die er sich bis zum Eintritt in den Ruhestand erarbeitet hat abzüglich des Abschlags.

Wer z. B. 1.000 € Rente im Monat bekäme, wenn er bis zum 65. Geburtstag durchgearbeitet hätte, und zehn Monate früher in Rente geht, der erhält nicht etwa 970 € und damit 3,0 % weniger. Denn diese zehn Monate fehlen ihm komplett. Die Kürzung beträgt somit stattdessen 0,3 % pro Monat für die bis zum Rentenbeginn erworbenen Ansprüche, zuzüglich 100 % der Ansprüche, die vom Renteneintritt bis zum 65. Geburtstag erworben worden wären.

Der Eckrentner, der mit 65 Jahren 45 Entgeltpunkte erworben hätte, geht beispielsweise mit 63 Jahren und 43 Entgeltpunkten in Rente. Sein Rentenanspruch beträgt dann 1.256 € (43 x 29,21 €) abzüglich der Kürzung von 90 € (7,2 % für 24 Monate). Bei einem Renteneintritt mit 65 Jahren würde seine Rente 1.314 € (45 x 29,21 €) betragen.

Die tatsächliche Kürzung – bezogen auf die Rente, die er mit 65 Jahren bekommen hätte – beträgt hingegen weitaus mehr als die genannten 90 €, nämlich 148 €. Das entspricht 11,8 % seines vollen Rentenanspruchs mit 63 Jahren bzw. 11,3 % seines vollen Rentenanspruchs mit 65 Jahren. Die offizielle Kürzung von 7,2 % ist deshalb irreführend; die tatsächliche Kürzung ist deutlich höher.

Für Beamte gilt formal die gleiche Kürzung von 0,3 % pro Monat. Da sie jedoch tatsächlich ihre Höchstpension schon nach 35–40 Dienstjahren bekommen, beträgt die Kürzung für sie in diesem Fall auch tatsächlich nur 0,3 % pro Monat und erhöht sich nicht noch indirekt. Systembedingt haben Beamte also auch hier einen Vorteil. Doch auch hier lässt sich recht einfach Gerechtigkeit herstellen: Die Dienstzeit, nach der Beamte ihren Höchstpensionssatz erreichen, muss dazu nur auf 45 Jahre angehoben werden, was eigentlich eine Selbstverständlichkeit sein sollte.

Beamte haben noch einen weiteren Vorteil, denn sie erreichen die erforderlichen 45 Jahre für eine abschlagsfreie Altersversorgung auch deshalb eher als Arbeitnehmer, weil sie nicht arbeitslos werden können. Dieser Missstand lässt sich jedoch leicht beseitigen, wenn Zeiten der Arbeitslosigkeit von Arbeitnehmern ebenfalls auf die 45 Jahre angerechnet werden.

Schließlich werden Beamten auch noch, anders als Arbeitnehmern, knapp drei Jahre an Hochschulausbildungszeiten angerechnet. Die tatsächlich erforderliche Dienstzeit sinkt dadurch für sie praktisch auf 42 Jahre. Die Gerechtigkeit gebietet es deshalb, die Anrechnung von solchen Ausbildungszeiten auch für Beamte zu streichen.

Rentenversicherungs-Nachhaltigkeitsgesetz 2004

Das Ziel des Rentenversicherungs-Nachhaltigkeitsgesetzes war es, das Nettorentenniveau, das heute 49 % beträgt, bis 2030 auf 43 % zu senken (1985 betrug es noch 57 %; 2004 noch 53 %). Der Begriff »Nettorentenniveau« bedeutet dabei das Verhältnis der Nettorente (vor Steuern, aber nach Kranken- und Pflegeversicherungsbeitrag) zum Nettoeinkommen des Arbeitnehmers vor Steuern, aber nach Sozialversicherungsabgaben und nach Riesterbeitrag. Der Begriff »Netto« stimmt hier also nicht mit dem überein, was man üblicherweise darunter versteht.

Hierzu ein Beispiel:

Der Durchschnittsverdiener hat in 2015 3.000 € im Monat brutto verdient. Davon hat er 600 € an die Sozialkassen abgeführt sowie 120 € in seinen Riestervertrag eingezahlt, nämlich 4 % des Bruttoeinkommens. Sein »Netto« in diesem Sinne beträgt somit 2.300 € (vor Steuern). Im Jahre 2030 soll er davon 43 % als Netto-Monatsrente (vor Steuern) erhalten, das sind 989 €.

In dieser Rechnung ist allerdings ein kleiner Taschenspielertrick enthalten: Der Prozentsatz der Rente wird auf 2.300 € bezogen. Das »Netto« (vor Steuern) beträgt aber eigentlich 2.400 €, denn ob der Arbeitnehmer in einen Riestervertrag einzahlt oder nicht, das ist seine Privatsache. Die Rente muss deshalb richtigerweise auf 2.400 € bezogen werden. Aber dann ergeben sich nicht 43 %, sondern nur 41,2 %. Das sind immerhin 1,8 Prozentpunkte oder 4,2 % weniger, als es der Bevölkerung weisgemacht wird.

Und auch diese 41,2 % erhält nur der Eckrentner. Das heißt, man muss 45 Jahre lang eingezahlt haben, um sie zu bekommen, ein Zeitraum, den nur 20 % der Rentner erreichen. Anders ausgedrückt: 80 % der Rentner werden nicht einmal das ohnehin bescheidene Niveau von 40,8 % ihres Durchschnittsverdienstes erreichen, das ihnen heute durch unsere Rentenexperten vorgegaukelt wird.

Wenn man das Rentenniveau schon unter Berücksichtigung der Einzahlungen in einen Riestervertrag ermitteln möchte, dann müssen konsequenterweise auch diese Einzahlungen als Rentenbeitrag gewertet werden. Man kann dann nicht lauthals und stolz verkünden, dass es gelungen sei, den Rentenbeitrag stabil zu halten, und dass das Rentenniveau nicht unter 43 % sinken werde, wie es viele unserer Spitzenpolitiker tun. Um der Ehrlichkeit willen muss dann offen gesagt werden, dass der Rentenbeitrag heute bereits bei 22,7 % liegt. Alles andere ist eine Milchmädchenrechnung, mit der die Bevölkerung – offenbar vorsätzlich – in die Irre geführt werden soll. Einen Rentenbeitrag von 18,7 % zahlen heute nur diejenigen, die nicht riestern – und deren Rentenniveau liegt später eben nicht bei 43 %, sondern bestenfalls bei 40,8 %.

Alterseinkünftegesetz 2005

Als Folge des Rentenurteils des Bundesverfassungsgerichtes von 6. März 2002 trat zum 1. Januar 2005 das Alterseinkünftegesetz in Kraft. Das Ziel dieses Gesetzes war die steuerliche Gleichbehandlung von Renten und Pensionen, die vom Bundesverfassungsgericht gefordert wurde.

Nach einer Übergangszeit, die bis 2040 reicht, werden schließlich die Renten voll besteuert. Dafür können dann die Rentenbeiträge, die während des aktiven Arbeitslebens geleistet werden, in voller Höhe vom zu versteuernden Einkommen steuerlich abgesetzt werden. Im Jahre 2005, dem ersten Jahr der Reform, wurden zunächst

50 % der Renten besteuert. Dafür konnten Arbeitnehmer 50 % der Rentenbeiträge vom zu versteuernden Einkommen absetzen. Der Prozentsatz der Renten, die der Steuer unterliegen, erhöht sich von 2005 bis 2025 um jährlich 2 %. Im Jahre 2006 betrug er also z. B. 52 %, 2007 dann 54 %. Im Jahre 2016 wird er 72 % betragen, 2020 bereits 80 %. Ab 2026 geht es dann jährlich in 1 %-Schritten weiter, bis 2040 schließlich die 100 % erreicht sind.

Wer schon vor der jeweiligen Erhöhung zu einem bestimmten Zeitpunkt Rente bezogen hat, ist von den Steigerungen des Prozentsatzes nicht mehr direkt betroffen. Der Prozentsatz, der bei Rentenbeginn für ihn galt, wird nicht mehr weiter erhöht. Wer etwa im Jahre 2008 Rentner geworden ist, für den sind 56 % seiner Rente zu versteuern, bei 1.000 € Rente also z. B. 560 €. 440 € sind steuerfrei, und dies bleibt für ihn bis zum Lebensende so. Der steuerfreie Betrag wird allerdings auch nicht an die Inflation angepasst, verliert also im Laufe der Zeit immer mehr an Wert. Wenn die Rente durch Rentenerhöhungen z. B. auf 1.100 € gestiegen ist, so beträgt der steuerfreie Betrag nicht 44 % von 1.100 €, sondern weiterhin 440 €, denn der ursprüngliche steuerfreie Betrag wird nicht erhöht.

Auf der anderen Seite steigt aber auch der Prozentsatz, den die aktiven Arbeitnehmer von ihren Rentenbeiträgen steuerlich absetzen können, und zwar von 2005 bis 2030 ebenfalls jährlich um 2 %. Ab 2031 beträgt die jährliche Steigerung dann 1 %, so dass auch hier im Jahre 2040 die 100 % erreicht sind.

Nun könnte man meinen, dass für Arbeitnehmer hier spiegelbildlich zu den Rentnern der Euro-Betrag festgeschrieben wird, der der Steuer unterliegt. Aber das wäre naiv gedacht, denn der absolute Betrag der zu versteuernden Rentenbeiträge steigt natürlich mit der Inflation.

Während der Übergangszeit unterliegen Rentner nun teilweise einer Doppelbesteuerung, denn Beiträge zur Rentenversicherung, die sie während ihrer aktiven Tätigkeit aus bereits versteuertem Einkommen geleistet haben, müssen sie nun im Alter als Rente noch einmal versteuern. Zahlreiche Klagen dagegen wurden bereits abgewiesen, denn die meisten Gerichte konnten hierin keinen Verfassungsverstoß erkennen. Und wenn dieser doch anerkannt wurde, wurde befunden, dass er für eine Übergangszeit hingenommen werden muss, denn die Regelungen dienen ja gerade dazu, am Ende einen verfassungsgemäßen Zustand zu erreichen.

Beiträge zur Kranken- und Pflegeversicherung

Seit dem 1. Juli 2005 zahlen Rentner (wie auch Arbeitnehmer) einen zusätzlichen Krankenkassenbeitrag in Höhe von 0,9 %, der dazu dienen soll, Zahnersatz und Krankengeld zu finanzieren. Dieser zusätzliche Beitrag wird von den Rentnern (bzw. Arbeitnehmern) alleine getragen. Die übliche hälftige Teilung der Sozialversicherungsbeiträge wurde damit aufgegeben. Ab 2015 wurde der Zusatzbeitrag von 0,9 % ersetzt durch einen individuellen Zusatzbeitrag der einzelnen Krankenkassen. Bei den meisten großen Krankenkassen beträgt er jedoch weiterhin 0,9 %. Erhöhungen ab 2016 sind bereits angekündigt.

Bereits seit dem 1. April 2004 müssen Rentner die vollen Beiträge zur Pflegeversicherung alleine tragen; bis zu diesem Zeitpunkt war es ebenfalls nur die Hälfte. Der Pflegeversicherungsbeitrag erhöhte sich damit für Rentner um 0,85 %. Zusammen mit dem zusätzlichen Krankenversicherungsbeitrag von 0,9 % wurde die Rente so indirekt um 1,75 % gekürzt.

Das Bundessozialgericht hat diese Änderungen abgesegnet. Der Eingriff in die Rechte der Rentner ist ihm zufolge nicht unverhältnismäßig, sondern wird durch das Ziel – die Stabilisierung der öffentlichen Kassen – gerechtfertigt. Er ist deshalb nach Auffassung der Richter nicht verfassungswidrig.

Auswirkungen

Die Auswirkungen der verschiedenen Rentenkürzungen seit dem Jahr 2000 werden besonders deutlich, wenn man nicht alle Rentner betrachtet, sondern nur die Neuzugänge eines Jahres. Die Bestandsrentner wurden durch die Reformen nicht mit der gleichen Härte getroffen wie Neuzugänge, weil man ihre Ansprüche nicht mehr rückwirkend kürzen konnte.

Nach den statistischen Angaben der deutschen Rentenversicherung sind die Durchschnittsrenten für Neuzugänge in den 15 Jahren von 2000 bis 2014 aufgrund der Rentenkürzungen durch die verschiedenen Rentenreformen nur sehr gering gestiegen, nämlich von 623 € auf 659 €, das sind 5,8 %. Bei den Erwerbsminderungsrenten gab es sogar einen Rückgang von 706 € auf 628 € (-11 %). Wohlgemerkt in 15 Jahren. Die Inflation betrug in diesem Zeitraum 24 %.

Wenn man noch ein paar Jahre weiter zurückgeht, nämlich bis 1995, dann ergibt sich seitdem ein noch stärkerer Rückgang der Renten. Die Bundesregierung prognostizierte in ihrem ersten Rentenversicherungsbericht 1995 in der gesetzlich vorgeschriebenen 15-Jahres-Prognose für das Jahr 2009 noch eine Eckrente in Höhe von 1.510 €. Tatsächlich betrug sie jedoch nur 1.224 €. Diese Verminderung entspricht einem Rückgang um 19 %.

Im Rentenversicherungsbericht 2001 wurde für 2015 eine Eckrente in Höhe von 1.601 € vorausgesagt. Tatsächlich beträgt sie 1.314 € – 18 % weniger als in Aussicht gestellt. So werden wir verschaukelt, von einer Bundesregierung, die glaubt, das Klima in 100 Jahren vorhersagen zu können.

Die nominalen Erhöhungen der Renten (für Neuzugänge und Bestandsrentner) und der Pensionen sowie die Inflationsraten von 1999 bis 2015 ergeben sich aus der Tabelle auf Seite 108: Die Rente stieg insgesamt in 15 Jahren um 17,55 %. Abzüglich des Sonderbeitrags zur Krankenkasse von 0,9 % seit 2005 und des vollen Beitrags zur Pflegeversicherung seit 2004 (bis dahin zahlten Rentner nur die Hälfte; Pensionäre sind auch weiterhin nur mit der Hälfte dabei) in Höhe von inzwischen 1,175 % verbleibt eine Erhöhung um 15,5 %. Und selbst diese minimalen Erhöhungen sind heftig kritisiert worden. Altbundespräsident Roman Herzog ließ sich sogar dazu hinreißen, vor einer »Rentnerrepublik« zu warnen.

Im gleichen Zeitraum betrug jedoch die Preissteigerungsrate insgesamt 24,7 %. Die Rentner haben also seit dem Jahr 2000 in Wirklichkeit per Saldo keine Erhöhung bekommen, sondern vielmehr einen Verlust in Höhe von 7 % erlitten. (Ganz abgesehen davon, dass sie am Wirtschaftswachstum nicht teilgenommen haben.)

Und dabei hätten in den Jahren 2005 und 2006 die Renten nach der Rentenanpassungsformel rechnerisch sogar sinken müssen. Großzügigerweise wurden sie aber nicht gekürzt, weil eine Schutzklausel in das Sozialgesetzbuch eingefügt wurde, die das verhindert. Deshalb gab es in diesen beiden Jahren lediglich Nullrunden. Aber die Kürzungen waren nur aufgeschoben, nicht aufgehoben. Es bestand noch ein Ausgleichsbedarf. Wenn in den nächsten Jahren die Renten rechnerisch steigen, wird die Kürzung indirekt nachgeholt, indem die Rentenerhöhung dann geringer ausfällt, als sie sich nach der Rentenanpassungsformel rechnerisch ergeben hätte.

Laut dem Alterssicherungsbericht 2012 der Bundesregierung wird das Bruttorentenniveau von derzeit noch 44,6 % auf 40,4 % bis zum Jahre 2030 sinken (1990 lag es noch bei 50,2 %; 2000 bei 48,2 %). Den Rentnern steht danach noch ein weiteres Absinken ihrer Rente um 4,2 Prozentpunkte bzw. relativ um 9,5 % bevor. Aber auch die Verlässlichkeit dieser Zahlen darf man getrost bezweifeln.

Pensionskürzungen

Versorgungsreformgesetz 1998

Das Versorgungsreformgesetz sah vor, dass das Pensionsniveau künftig in 15 Schritten um jeweils 0,2 % abgesenkt wird. Diese 0,2 % sollten jeweils mit den turnusmäßigen Erhöhungen verrechnet werden. Bei einer rechnerischen Erhöhung von beispielsweise 2 % kommen dann davon nur 1,8 % in den Taschen der Pensionäre an.

Nachdem es von 1999 bis 2002 insgesamt drei dieser Anpassungen gegeben hatte, wurden die weiteren Anpassungen zunächst ausgesetzt, um die Pensionäre nicht zu überfordern. Erst ab dem Jahre 2011 wurden sie wieder aufgenommen. Gleichzeitig wurde die Gesamtzahl der Anpassungen klammheimlich von 15 auf zehn abgesenkt. Insgesamt ergibt sich dadurch bis zum Jahre 2016 eine Absenkung des Pensionsniveaus um 2 %. Bis zum Jahre 2015 sind davon bereits 1,8 % erreicht. Die letzte Anpassung um 0,2 % erfolgt 2016. Damit sind die Pensionskürzungen abgeschlossen.

Versorgungsänderungsgesetz 2001

Dieses Gesetz sollte sicherstellen, dass die Rentenreformen »wirkungsgleich« auf die Pensionen übertragen werden. Ab 2003 wurden deshalb die Pensionen in insgesamt acht Schritten von maximal 75 % auf maximal 71,75 % der aktiven Dienstbezüge gesenkt. Diese Kürzungen betrafen auch bereits laufende Pensionen. Die Kürzung um insgesamt 3,25 Prozentpunkte beträgt, bezogen auf das Ausgangsniveau von 75 %, 4,33 %.

Versorgungsnachhaltigkeitsgesetz 2005

Die Kürzungsschritte, die das Versorgungsänderungsgesetz vorsah, sollten nachträglich noch einmal verschärft werden. Im Endeffekt sollten die Pensionen dann nicht mehr maximal 71,75 % der aktiven Bezüge betragen, sondern »nur« noch 71,13 %.

Der Bundesrat hat dieses Gesetz jedoch abgelehnt, weil damit angeblich die Pensionäre im Vergleich zu Rentnern überproportional belastet würden. Somit bleibt es bei 71,75 %.

Beteiligung der Pensionäre an den Pflegekosten

Mit dem »Gesetz zur wirkungsgleichen Übertragung von Regelungen der sozialen Pflegeversicherung in das Dienstrecht« vom 1. November 2004 wurde festgelegt, dass die Pensionen künftig um 0,85 % gekürzt werden. Auf diese Weise wurde der Anstieg des Pflegeversicherungsbeitrags für Rentner von 0,85 % auf 1,7 % in das Beamtenrecht übertragen. Na also, es geht doch!

Ein Wermutstropfen liegt allerdings darin, dass die Kürzung der Sonderzahlung um den Pflegeversicherungsbeitrag für Pensionäre nach oben gedeckelt wurde, und zwar auf 0,85 % der Beitragsbemessungsgrenze in der sozialen Pflegeversicherung.

Das ist wirklich ein Hammer: Im Beamtenrecht gibt es zum großen Vorteil der Beamten keine Beitragsbemessungsgrenzen. Deshalb bekommen sie z. B. eine wesentlich höhere Altersversorgung als Arbeitnehmer. Und sie können sich, unabhängig vom Einkommen, privat krankenversichern, während dies nur die besserverdienenden Arbeitnehmer können.

Wenn sich das Fehlen einer Beitragsbemessungsgrenze bei Beamten aber ausnahmsweise einmal negativ auswirkt wie im Falle des

Pflegeversicherungsbeitrags der Pensionäre, dann wird eine solche Bemessungsgrenze flugs festgelegt. Denn sonst könnte es ja passieren, dass Pensionäre mehr für die Pflegeversicherung bezahlen als Rentner, und das wäre doch ungerecht. Sämtliche Regelungen werden so gestaltet, wie es für die Beamten am günstigsten ist. Um der Gerechtigkeit willen sollte die Deckelung des Pflegebeitrags für Pensionäre abgeschafft werden. Entweder gibt es Beitragsbemessungsgrenzen im Beamtenrecht, oder es gibt sie nicht. Die Rosinenpickerei muss ein Ende haben.

Auswirkungen

Das Versorgungsreformgesetz und das Versorgungsänderungsgesetz bewirken zusammen eine Verringerung des Pensionsniveaus von 75 % auf 70,3 % (bezogen auf den Status 1999) bis zum Jahre 2016. Das ist eine Verringerung um 4,7 Prozentpunkte oder, bezogen auf den Ausgangswert von 75 %, um 6,3 %.

Der Pflegeversicherungsbeitrag von 0,85 % bleibt in dieser Rechnung unberücksichtigt, weil er ebenso die Renten betrifft wie die Pensionen.

Die Pensionen erhöhten sich jedoch zugleich seit dem Jahr 2000 bis zum Jahr 2009 – in den Bundesländern und im Bund jeweils etwas unterschiedlich – nominal um rd. 17 %. Bei dieser Zahl ist noch nicht einmal berücksichtigt, dass es außer den prozentualen Erhöhungen teilweise noch zusätzliche Einmalzahlungen gab. Abzüglich der genannten Verringerungen bleibt somit noch immer eine nominale Erhöhung um 12 %. Bei der bereits genannten Inflationsrate in Höhe von 15 % haben Pensionäre damit einen Verlust von 3 % erlitten, gegenüber einem Verlust von 7 % der Rentner.

Und damit haben die Pensionäre die vorgesehenen Kürzungen bereits hinter sich, ganz im Gegensatz zu den Rentnern. Wie wir sehen werden, wird die Schere zwischen Pensionen und Renten auch in Zukunft noch weiter auseinandergehen.

Vergleich Rente / Pension

Gesetze pro domo

Arbeitnehmern, die ihren Lebensstandard im Alter auf dem bisherigen Niveau halten wollen, wird schamlos gesagt, sie sollten privat vorsorgen. Das Zynische daran ist, dass Kleinverdiener, aber auch Durchschnittsverdiener, dazu kaum oder gar nicht in der Lage sind. Später wird ihnen dann vorgehalten werden, dass sie eben nicht vorgesorgt hätten. Die Altersarmut wird dann als selbstverschuldet dargestellt werden.

Das ist sie aber keineswegs. Vielmehr ist sie durch die Politik verursacht, genauer gesagt durch Politiker, die sich nicht getraut haben, an den Besitzständen von Beamten zu rütteln, weil sie sich, nicht ganz zu Unrecht, von diesen abhängig fühlen und weil die Beamten zudem in den Parlamenten überproportional vertreten sind, so dass sie sich praktischerweise ihre eigenen Gesetze machen können.

Es lohnt sich durchaus, über eine Beamtenquote nachzudenken. Eine solche Quote würde dann der Frauenquote ähneln, über die in den achtziger Jahren diskutiert worden ist. Allerdings würde es sich in diesem Fall eben nicht um eine Mindestquote handeln, sondern stattdessen um eine Höchstquote. In den Parlamenten dürften nach dieser Quote nur maximal so viele Beamte und Quasibeamte sitzen, wie es ihrem Anteil an der erwachsenen Bevölkerung entspricht.

	Renten- erhöhung %	Pensions- erhöhung %	Inflation %
1999	0,6	2,7	0,6
2000	0,60	0,00	1,90
2001	1,91	1,60	2,00
2002	2,16	2,00	1,40
2003	1,04	2,40	1,10
2004	0,00	1,00	1,60
2005	0,00	1,00	1,60
2006	0,00	0,00	1,50
2007	0,54	0,00	2,30
2008	1,10	3,10	2,60
2009	2,41	2,80	0,30
2010	0,00	1,20	1,10
2011	0,99	0,90	2,10
2012	2,18	3,30	2,00
2013	0,25	2,40	1,50
2014	1,67	2,80	0,90
2015	2,10	2,20	0,25
SUMME	**17,55**	**29,40**	**24,75**

Vergleich von Pension und Rente

Bei etwa 4,5 Millionen Beamten, Quasibeamten und Versorgungsempfängern der Gebietskörperschaften ergibt das, bezogen auf die erwachsene Bevölkerung von 60 Millionen Menschen, eine Quote von 7,5 %. Der tatsächliche Anteil der Abgeordneten aus dem öffentlichen Dienst liegt aber im Bundestag und in fast allen Landesparlamenten bei 40 bis 50 %, also nahezu sechsmal so hoch.

Demokratische Parlamente sollten in wesentlichen Merkmalen die Zusammensetzung der Bevölkerung widerspiegeln. Das ist aber weder im Bundestag noch in den Landesparlamenten der Fall. Deshalb ist es kein Wunder, dass die Entscheidungen auch nicht der gesamten Bevölkerung nutzen, sondern nur denjenigen Bevölkerungsteilen, die in den Parlamenten weit überproportional vertreten sind.

Rentner erster und zweiter Klasse

Viele Politiker, am lautesten wohl der Spitzengenosse Karl Lauterbach, sprechen sich vehement gegen eine Zwei-Klassen-Medizin aus. Damit haben sie auch vollkommen recht. Wer wäre nicht gegen eine Zwei-Klassen-Medizin? Das Kastensystem in der Altersversorgung ist dagegen anscheinend vollkommen in Ordnung, es wird nicht kritisiert. Niemand aus der politischen Spitzenklasse wettert dagegen.

Es gibt Rentner erster Klasse, die Pensionäre, und Rentner zweiter Klasse, die Sozialrentner. Eigentlich sind Letztere sogar schon Rentner dritter Klasse, denn dazwischen liegen noch diejenigen Selbständigen, die in der Lage waren, selbst vorzusorgen, und sich nicht am Umlageverfahren beteiligen mussten. (Allerdings unterliegen Selbständige häufig der Versuchung, sich gar nicht abzusichern. Diese Gruppe steht dann im Alter noch schlechter als die Sozialrentner da.)

Wirkungsgleiche Übernahme?

Von einer wirkungsgleichen Übernahme der Rentenkürzungen in das Beamtenrecht kann keine Rede sein, auch wenn es von Politikern gerne so dargestellt wird.

Die Renten sind seit dem Jahre 2000 nominal um 17,55 %, die Pensionen um 29,40 % erhöht worden . Der Abstand ist demnach größer geworden (vgl. Tabelle S. 108).

In Zukunft, bis zum Jahre 2030, wird das Rentenniveau um weitere 9,5 % (s. o.) real sinken. Das Pensionsniveau bleibt unverändert. Die Kürzungen durch das Versorgungsreformgesetz 1998 und das Versorgungsänderungsgesetz 2001 sind bereits durchgeführt. Die Schere wird also künftig noch wesentlich weiter auseinandergehen. Deshalb ist es jetzt erforderlich, die Rentenkürzungen »wirklich wirkungsgleich« in das Beamtenrecht umzusetzen. Der Abstand zwischen Renten und Pensionen darf nicht noch größer werden.

Die sauberste Lösung wäre es allerdings, die Beamten in die gesetzliche Rentenversicherung mit einzubeziehen. Das wäre einfach und gerecht. An den beiden Systemen herumzudoktern, um sie in Übereinstimmung zu bringen, ist mühsam und kompliziert und führt in der Regel doch nicht zum Ziel. Ein Argument, das Beamtenfunktionäre gern gegen die gesetzliche Rente für Beamte vorbringen, lautet, dass dies für die Staatsfinanzen keinen Vorteil bringt, denn die Beamten zahlen dann ja nicht nur in die Rentenkasse ein, sondern erwerben zugleich auch Ansprüche. Das ist zwar richtig, doch sind diese Ansprüche dann wesentlich geringer als die heutigen Pensionsansprüche, was sich per Saldo für die Staatsfinanzen, und damit für uns alle, äußerst positiv bemerkbar machen würde.

Das Pensionssystem ist von der demographischen Entwicklung genauso betroffen wie das Rentensystem. Die Renten werden nur aus einem begrenzten Topf bezahlt, die Pensionen aus dem grenzenlosen Steuertopf. Die Rentenhöhe richtet sich danach, was drin ist im Topf, was die aktiven Arbeitnehmer einzahlen; die Pensionshöhe richtet sich nach den Ansprüchen. Wer soll das verstehen? Wer soll das als gerecht empfinden?

Die Probleme der Rentenfinanzierung werden auf Kosten der Arbeitnehmer und Rentner gelöst, die Probleme der Pensionsfinanzierung dagegen auf Kosten der Steuerzahler, die in der übergroßen Mehrheit eben auch Arbeitnehmer sind.

Das Gegenargument, dass die gesetzliche Rente Jahr für Jahr durch hohe Subventionen aus dem Bundeshaushalt gestützt wird, und diese Zahlungen auch Beamte über ihre Steuern mitfinanzieren, ist schlicht falsch. Die Zahlungen aus Steuermitteln in die Rentenkasse sind geringer als die Mittel, die von der Rentenversicherung für »versicherungsfremde Leistungen« ausgegeben werden. Sehr verdient gemacht um diesen Nachweis hat sich Herr Dipl.-Ing. Otto W. Teufel, ein Bruder übrigens des »Revoluzzers« Fritz Teufel. Von ihm stammt die Rentenklau-Tabelle, auch Teufelstabelle genannt. Von 1957 bis 2002 wurden aus der Rentenkasse so per Saldo 300 Milliarden € ohne Zinsen zweckentfremdet zur Sanierung des Bundeshaushalts. Denn die »versicherungsfremden Leistungen«, die Auszahlungen der Rentenversicherung, denen keine Einzahlungen gegenüberstehen, wären aus Steuermitteln zu bezahlen.

Mit Zins und Zinseszins kommen noch weitere 400 Milliarden € hinzu, so dass die Rentner um 700 Milliarden € betrogen worden sind. Und von diesem Verschiebebahnhof zu Lasten der Rentner profitierten und profitieren diejenigen, die nicht in die Rentenkasse einzahlen: eben Beamte.

Hinzuverdienstgrenzen

Die Hinzuverdienstgrenzen, die dann wirksam werden, wenn die Altersversorgung schon vor der Regelaltersgrenze in Anspruch genommen wird, sind für Rentner deutlich restriktiver als für Pensionäre. Werden sie überschritten, so werden Renten stärker gekürzt als Pensionen. Auch hier ist dringend eine Angleichung erforderlich, denn es ist kein vernünftiger Grund für die unterschiedliche Behandlung erkennbar.

Beitragsbemessungsgrenze

Ein Arbeitnehmer, der den Höchstbeitrag in die Rentenkasse einzahlt (13.913 € im Jahr 2016), weil er mehr verdient als 6.200 € im Monat, erhöht mit diesem Höchstbeitrag seine spätere Rente um 60 € im Monat.

Die Pension pro Dienstjahr sollte auch maximal um diesen Betrag steigen. Und natürlich müsste es ausgeschlossen sein, dass Höchstbeträge, die in einem Jahr nicht ausgenutzt wurden, in einem anderen Jahr kompensiert werden können, denn diese Möglichkeit haben Arbeitnehmer ja auch nicht.

Hinterbliebenenversorgung

Arbeitnehmer und Rentner

Der überlebende Ehepartner eines Arbeitnehmers oder Rentners erhält eine Hinterbliebenenversorgung, im Volksmund »Witwenrente« genannt. Die »große Witwenrente« beträgt 55 % der Rente des Verstorbenen. Bei Ehen, die vor dem 1. Januar 2002 geschlossen wurden, sind es 60 %. Wenn der Überlebende jünger als 45 Jahre ist, nicht berufsunfähig ist und auch keine Kinder erzieht, so wird nur die »kleine« Witwenrente gezahlt. Sie beträgt 25 % der Rente des Verstorbenen.

Wenn der Überlebende eigene Einkünfte hat, die den Freibetrag in Höhe von 771 € (ab 1. Juli 2015) überschreiten, so werden sie auf die Hinterbliebenenrente angerechnet. Diese wird dann um 40 % desjenigen Teils des Einkommens gekürzt, das den Freibetrag übersteigt. Wer also beispielsweise 971 € eigene anrechenbare Rente erhält (nach einem pauschalen fiktiven Abzug von 14 % für Sozialabgaben und Steuern), der erhält nicht die volle Hinterbliebenenrente für den verstorbenen Ehepartner, sondern aufgrund seines eigenen Einkommens 80 € weniger (40 % von 200 €). Einen Mindestbetrag der Witwenrente, der unangetastet bleibt, gibt es nicht. Es wird gegebenenfalls bis auf null gekürzt.

Zum 1. Januar 2002 wurden die Anrechnungsregeln verschärft. Bis dahin wurden nur Erwerbseinkommen angerechnet; seitdem zählen jedoch auch Vermögenseinkommen mit (Einkünfte aus Kapitalvermögen; Einkünfte aus Vermietung und Verpachtung). Für Ehen, die vor diesem Datum geschlossen wurden, gilt in der Regel jedoch noch altes Recht.

Beamte und Pensionäre

Stirbt ein Beamter oder Pensionär, dann erhält die Witwe 60 % des Ruhegehalts, das der Verstorbene erhalten hätte, wäre er am Todestag im Ruhestand gewesen. Bei Ehen, die ab 2002 geschlossen wurden, sind es hingegen nur noch 55 %. Ein »kleines Witwengeld«, analog zur gesetzlichen Rente bei Überlebenden, die unter 45 Jahre alt sind, gibt es jedoch nicht.

Auch hier wird ein eigenes Erwerbseinkommen des Überlebenden angerechnet, wenn bestimmte Höchstbeträge überschritten werden. Das Witwengeld zuzüglich des eigenen Einkommens darf – etwas vereinfacht gesagt – in der Regel die letzten Dienstbezüge des Verstorbenen aus der aktiven Tätigkeit nicht übersteigen.

Betrug die letzte Besoldung des Verstorbenen beispielsweise 4.000 € und seine daraus errechnete Pension 3.000 €, so beträgt das Witwengeld 60 % davon, also 1.800 €. Die Witwe darf nun 2.200 €

eigenes Einkommen dazuverdienen, bis die ursprünglichen 4.000 € wieder erreicht sind. Erst dann wird das Witwengeld gekürzt.

Eigenes Vermögenseinkommen des Überlebenden (Einkünfte aus Kapitalvermögen; Einkünfte aus Vermietung und Verpachtung) wird nicht angerechnet. Die Verschärfung der Anrechnungsregeln aus dem Rentenrecht zum 1. Januar 2002 wurde nicht in das Beamtenrecht übertragen.

Die Kürzung des Witwengeldes darf maximal 80 % betragen. 20 % bleiben in jedem Fall unangetastet.

Berechnung des Schatteneinkommens

Die Anrechnungsregeln der Hinterbliebenenversorgung müssen dringend aneinander angepasst werden. Die aufgezeigte gravierende Ungleichbehandlung lässt sich nicht rechtfertigen und ist auch nicht länger hinzunehmen. Die Übertragung der rentenrechtlichen Regeln in das Beamtenrecht bereitet dabei auch keine tatsächlichen Schwierigkeiten. Sie ist äußerst einfach.

Schwierig ist es dagegen, die finanziellen Auswirkungen der Ungleichbehandlung hinreichend genau zu quantifizieren. Deshalb wird in den Schattentabellen als Ausgleich für die ungerechten Anrechnungsregeln – zugunsten der Beamten – kein Wert angesetzt.

Exkurs: Umlageverfahren und Kapitaldeckung

Die Renten in Deutschland werden nach dem Umlageverfahren bezahlt, d. h., die jeweils aktive Generation sorgt für die Rentner. Diese erhalten jedoch später als Rente nicht ihr eingezahltes Geld mit Zinsen zurück, denn das Geld, das sie früher eingezahlt haben, ist inzwischen schon längst für die damaligen Rentner verbraucht worden, so wie das Geld, das ein Arbeitnehmer heute einzahlt, praktisch sofort wieder für die jetzigen Rentner verbraucht wird. Das ist es, was mit dem Generationenvertrag gemeint ist: Die jeweils aktive Generation sorgt für die Alten.

Die Alternative dazu ist die Kapitaldeckung. In diesem Verfahren sorgt jeder für sich selbst. Das Geld, das jemand zurücklegt, gehört dann ihm und sonst niemandem.

Das klingt zunächst verlockend – es ist aber ein Irrweg. Wer für sich selbst vorsorgt, der kann in der derzeitigen Situation einen festen, risikolosen Zins von allenfalls 4 % erwirtschaften. Höhere Zinsen sind nur gegen höheres Risiko möglich, und gerade bei der Altersvorsorge sollten Risiken dringend vermieden werden.

Im Umlageverfahren kommt man dagegen nach Berechnungen der Rentenversicherung auf nur gut 3 % Rendite. Wenn nun aber jeder für sich selbst vorsorgen würde und das Kapital, das jetzt in die Rentenkasse eingezahlt wird, stattdessen auf den Kapitalmarkt strömen würde, dann würden dort die Zinsen sinken. Aus diesem Grund lassen sich die beiden Zinssätze unmittelbar gar nicht sinnvoll miteinander vergleichen. Darüber hinaus bietet die Rentenversicherung nach dem Umlageverfahren auch Leistungen, die eine Privatrente nicht umfasst, wie etwa Rehabilitationsmaßnahmen oder eine Hinterbliebenenversorgung. Diese Leistungen kann man sich bei der Privatrente zwar auch über private Zusatzversicherungen einkaufen, dann sinkt dort aber ebenfalls die Rendite, und gegenüber dem Umlageverfahren verbleibt kein Vorteil mehr.

Hinzu kommt, dass volkswirtschaftlich letztlich auch die Eigenvorsorge ein Umlageverfahren darstellt. Anders ist es nämlich gar nicht möglich. Die Rente für die Alten muss immer von den Aktiven erarbeitet werden, denn von totem Kapital kann man nicht leben.

Das Kapitaldeckungsverfahren ist deshalb nur scheinbar besser, und zwar dann, wenn alle Lasten vom Umlageverfahren getragen werden und einige Glückliche sich ausklinken dürfen und sich die Rosinen heraussuchen. Diese Personen stehen dann im Alter tatsächlich besser da. In unserer Gesellschaft betrifft das vor allem Beamte und Selbständige.

Wenn es nur noch das Kapitaldeckungsverfahren gäbe, dann wäre das Renditeergebnis im Durchschnitt das gleiche wie jetzt beim Umlageverfahren. Die Rendite würde nur anders verteilt werden, denn manche Menschen sind cleverer als andere und legen deshalb ihr Geld besser an; manche haben Glück mit ihrer Anlage und andere Pech. Einige fallen auf Betrüger herein und laufen Gefahr, ihr gesamtes Kapital zu verlieren. Deshalb ist das Umlageverfahren gerechter als das Kapitaldeckungsverfahren, denn es schließt solche Zufallsergebnisse aus. Alle, die in die Rentenkasse eingezahlt haben, bekommen die gleiche Rendite, niemand wird bevorzugt oder benachteiligt.

Die Rendite im Kapitaldeckungsverfahren und im Umlageverfahren muss theoretisch genau identisch sein, wenn alle sich daran beteiligen. Alles andere sind Milchmädchenrechnungen.

Tatsächlich ist jedoch das Renditeergebnis im Umlageverfahren sogar höher als im Kapitaldeckungsverfahren. Denn am Umlageverfahren verdient niemand Geld. Lediglich vergleichsweise geringe Verwaltungskosten (rd. 4 % in der gesetzlichen Rentenversicherung) fallen an. Bei der privaten Vorsorge sind die Verwaltungskosten dagegen wesentlich höher, denn zusätzlich will auch die Werbung für die Produkte bezahlt werden, und die Vertreter wollen Provisionen erwirtschaften. Und schließlich wollen auch die Versicherungsunternehmen Gewinne erzielen, die aber wiederum zu Lasten des Sparers gehen. Insgesamt gehen dem Sparer deshalb in der privaten Vorsorge mehr als 15 % seiner Beiträge verloren.

Norbert Blüm hatte und hat vollkommen recht: Die Rente ist sicher. Aber eben nur die umlagefinanzierte Rente. Die kapitalgedeckte Rente ist dagegen sehr unsicher. Hier besteht immer die Gefahr, dass man sich gerade dann, wenn man sein Geld benötigt, in einer Wirtschaftskrise befindet, in der Aktien und Immobilien nichts mehr wert sind. Deshalb muss die gesetzliche Rente – auf einem angemessenen Niveau – nach dem Umlageverfahren finanziert werden.

Betriebsrente

Immer wieder gerne wird von den Beamten-Lobbyisten ins Feld geführt, dass »viele« Rentner zusätzlich zur gesetzlichen noch über eine betriebliche Altersvorsorge verfügen. Mit diesem Argument soll der große Abstand zwischen Beamtenpensionen und Sozialrenten bemäntelt werden. Doch wie sieht es tatsächlich aus mit den angeblichen Zusatzeinkünften von Rentnern aus betrieblichen Renten?

Gemäß Alterssicherungsbericht 2012 der Bundesregierung wird die Rente von Rentnern in den alten Ländern durch Betriebsrenten um 11 % aufgebessert (in den neuen Ländern 0 %). Im Jahr 2015 wären das für den Eckrentner 145 €.

Der Betrag resultiert allerdings sowohl aus arbeitgeber- als auch aus arbeitnehmer- als auch aus mischfinanzierter betrieblicher Altersversorgung. In unsere Betrachtung einzubeziehen ist aber nur die arbeitgeberfinanzierte betriebliche Altersversorgung. »Betriebsrenten«, die der Arbeitnehmer letztlich aus seinem Einkommen selbst finanziert hat, müssen herausgerechnet werden. Dazu gehören alle Formen der Entgeltumwandlung, aber auch Riesterverträge, denn Beamte können auch riestern.

Ebenfalls gemäß Alterssicherungsbericht 2012 sind nur 27 % der Betriebsrenten arbeitgeberfinanziert, 28 % sind arbeitnehmerfinanziert, 44 % sind mischfinanziert. Etwas überschlägig kann also für den Vergleich von Rentnern mit Pensionären nur die Hälfte des oben ermittelten Betrages von 145 € berücksichtigt werden, rd. 75 €.

Berechnung des Schatteneinkommens

Der Eckrentner(40) erhält zurzeit eine Bruttorente in Höhe von 1.168 €; zuzüglich der durchschnittlichen Betriebsrente in Höhe von 75 € ergibt das 1.243 €. Bezogen auf das vorläufige Durchschnittsentgelt in der Rentenversicherung 2015 in Höhe von 3.000 € monatlich errechnet sich daraus ein Bruttorentenniveau von 41,4 %.

Die monatliche Pension beträgt für die Bundesbeamten 70,3 %, bezogen auf den Status 1999. Nominal sind es jetzt 71,75 %. Allerdings werden diese 71,75 % auf das letzte Einkommen des Beamten (das »Höchstamt«) bezogen, während die genannten 41,4 % des Rentners auf das durchschnittliche Einkommen während des Berufslebens bezogen werden.

Um zwischen dem Rentner und dem Pensionär eine Vergleichbarkeit herzustellen, muss deshalb die typische Einkommensentwicklung eines Beamten im Laufe seiner 40 Dienstjahre unterstellt werden. Für einen Beamten im gehobenen Dienst sieht das etwa so aus, dass er drei Jahre als Anwärter tätig ist, danach acht Jahre in der Besoldungsgruppe A9, weitere 17 Jahre in Besoldungsgruppe A10, neun Jahre in A11 und vier Jahre in A12 verbringt. Sein letztes Einkommen beträgt damit 4.603 € (ohne Familienzuschläge und sonstige Zuschläge). Die Pension hieraus beträgt 3.303 €. Sein Durchschnittseinkommen in den 40 Jahren betrug jedoch 3.400 €. Das Bruttopensionsniveau des Beamten beläuft sich damit insgesamt auf 97 % seines Durchschnittsverdienstes.

Das Altersversorgungsniveau des Beamten ist damit 2,3-mal so hoch wie dasjenige des Rentners (97/41,4).

Ein durchschnittlicher Arbeitnehmer, der 3.000 € im Monat brutto verdient, zahlt 571 € in die Rentenkasse ein, jeweils die Hälfte davon als Arbeitgeber- und als Arbeitnehmeranteil. Um das Altersversorgungsniveau des Beamten zu erreichen, muss er das 2,3fache, nämlich 1.313 €, einzahlen. Und das sind 767 € zusätzlich, die er zunächst aus seinem Nettoeinkommen zahlen muss.

Im Jahr 2016 sind 82 % der Rentenbeiträge steuerlich als Sonderausgabe abzugsfähig, allerdings begrenzt auf 18,7 % des Bruttoeinkommens und auf maximal 18,7 % der Beitragsbemessungsgrenze. Zugunsten der Beamten soll für Zwecke dieser Berechnung auf diese Begrenzungen verzichtet werden.

Dann sind 82 % von 767 € für unseren Eckrentner(40) zusätzliche Sonderausgabe, das sind 629 €. Es ergibt sich daraus, bei einem angenommenen Steuersatz von 35 %, eine Steuererstattung in Höhe von 220 €. Per Saldo muss der Eckrentner(40) demnach 547 € monatlich aus seinem Nettoeinkommen aufbringen, um eine Altersversorgung auf Beamtenniveau zu erhalten.

Bezieht man diese 547 € nun auf sein Bruttoeinkommen in Höhe von 3.000 €, so ergibt sich für das Jahr 2015 ein Zuschlagfaktor von rd. 18 %.

Zukünftig wird dieser Zuschlagfaktor noch steigen, denn der Nachhaltigkeitsfaktor hat seine volle Wirkung in der Rentenanpassungsformel noch gar nicht entfaltet. Und darüber hinaus soll der Beitragssatz zur gesetzlichen Rentenversicherung bis zum Jahr 2030 auf 22 % angehoben werden. Dadurch werden die Einkommen der Beamten nochmals auf kaltem Wege erhöht und das Schatteneinkommen steigt noch weiter.

In den Schattentabellen wird deshalb ein Zuschlag in Höhe von 20 % (netto) auf die Bruttobesoldung ohne Zulagen angesetzt. Da die Zulagen nur teilweise ruhegehaltsfähig sind, werden sie zugunsten der Beamten hier insgesamt als nicht ruhegehaltsfähig angenommen.

Im Falle des Beamtenehepaares wird als Bemessungsgrundlage für den Zuschlag von 20 % die Bruttobesoldung (ohne Zulagen) zuzüglich des Ehegattenzuschlags berücksichtigt, da der Ehegattenzuschlag ruhegehaltsfähig ist.

Arbeitslosenversicherung

Zur Beitragspflicht

Arbeitnehmer (und bestimmte Selbständige) sind in Deutschland in der gesetzlichen Arbeitslosenversicherung pflichtversichert. Ein Teil des Bruttoeinkommens ist als monatlicher Beitrag dafür fällig. Zurzeit beträgt der Beitragssatz 3,0 % vom Bruttoeinkommen, maximal aber von 6.200 € (Beitragsbemessungsgrenze).

Die Hälfte des Beitrages zahlt der Arbeitgeber. Ein Arbeitnehmer, der monatlich 3.000 € brutto verdient, trägt also insgesamt einen Beitrag in Höhe von 90 €, der jeweils zur Hälfte von ihm selbst und von seinem Arbeitgeber gezahlt wird. Im Falle der Arbeitslosigkeit erhält ein Kinderloser dann 60 % seines Nettogehaltes als Arbeitslosengeld, ansonsten sind es 67 %. Das Arbeitslosengeld wird für ein Jahr gezahlt, bei über 55-Jährigen für anderthalb Jahre, bei über 58-Jährigen für zwei Jahre. Danach muss man von eigenem Vermögen oder der Sozialhilfe (»Hartz IV«) leben.

Wichtig ist die Erkenntnis, dass das Arbeitslosengeld keine großzügige Sozialleistung des Staates darstellt, sondern dass es das eigene Geld der Arbeitnehmer ist, welches sie im Fall des Falles wieder ausgezahlt bekommen. Dabei erhalten sie keineswegs ihre gesamten eingezahlten Beiträge zurück. Diese sind gemindert um die Bürokratiekosten, die der Apparat verursacht, und um die Kosten für arbeitsmarktpolitische Maßnahmen (Weiterbildungskurse, Existenzgründungszuschüsse ...), die aus den Beiträgen bezahlt werden. Solche arbeitsmarktpolitischen Maßnahmen sind Aufgabe der gesamten Gesellschaft, müssten also aus Steuern finanziert werden, tatsächlich werden sie aber nur aus den Beiträgen der Arbeitnehmer bezahlt.

Im Gegensatz zu Arbeitnehmern zahlen Beamte keine Beiträge zur Arbeitslosenversicherung. Denn da sie unkündbar sind, und deshalb im Regelfall nicht arbeitslos werden können, brauchen sie auch keinen Schutz vor den finanziellen Folgen der Arbeitslosigkeit. So zieht ein Privileg, die Unkündbarkeit, das nächste, die Beitragsfreiheit, nach sich.

Die Frage ist aber durchaus berechtigt, ob die Unterstützung von Arbeitslosen nicht eine gesamtgesellschaftliche Aufgabe ist, die von allen finanziert werden muss, und nicht nur von den Arbeitnehmern. Dann müssten auch Beamte in die Arbeitslosenversicherung einzahlen, obwohl ihr Risiko, arbeitslos zu werden, sehr gering ist. Aber der Sinn und Zweck einer Versicherung ist es ja gerade, individuelle Risiken nicht zu berücksichtigen, sondern das Gesamtrisiko aller Versicherten beitragsmäßig auf alle gleich zu verteilen.

In der Krankenversicherung zahlen ältere Menschen ja auch keine höheren Beiträge als jüngere, obwohl ihr Krankheitsrisiko deutlich höher ist. Auch in der Arbeitslosenversicherung sollte das individuelle Risiko deshalb keine Rolle spielen. Der IT-Spezialist etwa, der voraussichtlich niemals arbeitslos werden wird, zahlt deshalb auch den gleichen Beitragssatz wie der Bauhilfsarbeiter, der ständig von Arbeitslosigkeit bedroht ist. Und dieser Risikoausgleich, der ja gerade der Grundgedanke einer Versicherung ist, sollte auch dann zum Tragen kommen, wenn das individuelle Risiko gleich null ist. Die Forderung nach einer Beitragspflicht für Beamte in der Arbeitslosenversicherung ist deshalb nicht völlig abwegig.

Die Höhe der Arbeitslosigkeit

Seit 1975, seit mehr als 30 Jahren, herrscht in der Bundesrepublik Massenarbeitslosigkeit mit Arbeitslosenzahlen von einer Million und mehr Menschen. Die offizielle Arbeitslosenquote betrug 1970 noch 0,7 %, ein aus heutiger Sicht unglaublich niedriger Wert. Im Laufe der folgenden Jahrzehnte stieg sie fast kontinuierlich an und betrug seit 1975 niemals weniger als 3,8 %. 1985 wurde der Spitzenwert für die alte Bundesrepublik mit 9,3 % erreicht.

Nach einem Rückgang bis 1990 bis auf 7,2 % stieg die Quote dann im Gefolge der deutschen Einheit wieder sprunghaft an und erreichte 1993 im Jahresdurchschnitt 9,8 %, 1997 gar 12,7 %. Der Höchststand wurde 2005 mit einer Arbeitslosenquote von 13,0 % erreicht. Bis 2014 ist sie dann wieder auf 7,5 % im Jahresdurchschnitt gesunken. Im Durchschnitt der letzten 25 Jahre, von der deutschen Einigung bis heute, betrug die Arbeitslosenquote (der Anteil der Arbeitslosen an allen abhängig beschäftigten zivilen Erwerbspersonen) 10,1 %.

Tatsächlich ist die Arbeitslosigkeit jedoch noch eklatant höher, als es die Statistik ausweist. Denn nicht in der Statistik enthalten sind krankgeschriebene Arbeitslose, darüber hinaus diejenigen Arbeitslosen, die sich in Qualifizierungsmaßnahmen befinden, diejenigen, die Altersrente wegen Arbeitslosigkeit beziehen, und diejenigen, die nicht bei der Bundesagentur für Arbeit registriert sind, weil sie etwa die Arbeitsplatzsuche schon entmutigt aufgegeben haben, sowie diejenigen, die ebenfalls nicht registriert sind, die sich aber in den »Warteschleifen« unseres Bildungssystems befinden, ferner Kurzarbeiter (umgerechnet in Vollzeitstellen) und die bedauernswerten »Selbständigen«, die vom Arbeitsamt aus Gründen der Statistikschönung in eine Existenzgründung gedrängt wurden, von der sie sich aber niemals ernähren können.

Insgesamt addiert sich diese »stille Reserve« über die Jahre hinweg relativ stabil auf rund 2 Millionen Menschen. Die tatsächliche Arbeitslosenquote liegt deshalb immer um gut fünf Prozentpunkte höher, als es die offizielle Statistik aussagt. Die durchschnittliche Arbeitslosenquote von 1990 bis 2014 beträgt demnach tatsächlich nicht 10,1 %, sondern rund 15 %.

Darüber hinaus muss für den Vergleich mit Beamten noch berücksichtigt werden, dass Arbeitnehmer häufig für ihre Tätigkeiten überqualifiziert sind, also in gewissem Sinne auch unterbeschäftigt. Aufgrund der Arbeitsmarktlage bleibt ihnen nichts anderes übrig, als Stellen unterhalb ihrer Qualifikation, nämlich jede zumutbare Tätigkeit, anzunehmen. Beamten kann das nicht passieren. Von einem Niveau, welches sie einmal erreicht haben, fallen sie nie wieder herunter. Die Zahl dieser unterbeschäftigten, weil überqualifizierten Arbeitnehmer lässt sich leider nicht mit der notwendigen Sicherheit angeben; viele Leser werden diese Situation jedoch aus eigenem Erleben kennen. In jedem Betrieb gibt es solche überqualifizierten Mitarbeiter, denen der Arbeitsmarkt keine andere Wahl gelassen hat.

Und schließlich ist die Arbeitslosenquote unter den Beschäftigten in der freien Wirtschaft tatsächlich noch um einen Prozentpunkt höher, wenn man berücksichtigt, dass auch die Arbeitnehmer im öffentlichen Dienst, die Quasibeamten, nach 15-jähriger Tätigkeit unkündbar sind. Diese unkündbaren Arbeitnehmer müssen im Grunde noch aus der Berechnung der Arbeitslosenquote eliminiert werden. Der Nenner in der Rechnung, alle Personen, die dem nicht-öffentlichen Arbeitsmarkt zur Verfügung stehen, wird dann kleiner. Der Zähler bleibt unverändert, denn die Arbeitslosenquote unter den Quasibeamten ist gleich null. Im Ergebnis steigt die Arbeitslosenquote der nicht-öffentlichen Arbeitnehmer.

Die Kosten der Arbeitslosigkeit

Der wesentliche Kostenfaktor für einen Arbeitslosen ist das fehlende Einkommen. Das ist nicht ganz so banal, wie es sich anhört, denn: Der Arbeitslose hat überhaupt kein Einkommen. Das Arbeitslosengeld, das er bekommt, stammt ja aus seinen eigenen Beiträgen, er bekommt nur sein eingezahltes Geld zurück. Im Falle der Arbeitslosigkeit verliert der Arbeitnehmer also sein komplettes

Einkommen. Darüber hinaus hat er aber noch größere Verluste zu verkraften, die teilweise allerdings kaum zu beziffern sind:

Da ist der Qualifikationsverlust während der Arbeitslosigkeit. Der Wiedereinstieg in den Arbeitsmarkt gelingt, wenn er überhaupt gelingt, häufig nur auf einem niedrigeren Niveau. Beamte dagegen durchlaufen eine festgelegte Laufbahn. Ein Abstieg ist nicht möglich. Einen Karriereknick müssen sie nicht befürchten.

Dazu kommen Bewerbungskosten, eventuell Umzugskosten an den Ort des neuen Arbeitsplatzes und die durch die Zeit der Arbeitslosigkeit auch noch geringere Rente im Alter.

Nicht zu unterschätzen sind auch die psychologischen Folgen der Arbeitslosigkeit: Depressionen, das Gefühl, nicht mehr gebraucht zu werden, nicht mehr zeigen zu können, was man kann. Die Arbeitsplatzsicherheit der Beamten ist auch ein echter Pluspunkt für die seelische Gesundheit. Sie sollte sich dafür im Gegenzug auch in einem Abschlag bei der Besoldung niederschlagen.

Und durch die Unkündbarkeit entstehen darüber hinaus Kosten für die gesamte Gesellschaft. Im Beamtenapparat gibt es eben auch Menschen, die schlicht am falschen Platz sind. Das sind Arbeitnehmer gelegentlich auch; das ist normal und in den meisten Fällen auch nicht weiter tragisch. Doch Arbeitnehmer bleiben nicht lange am falschen Platz. Wenn es gar nicht anders geht, werden sie entlassen.

Beamte verbleiben jedoch auf Stellen, für die sie nicht geeignet sind, und verursachen dadurch enorme soziale Kosten. Nach einer Studie der Universität Potsdam etwa ist jeder dritte Lehrer ungeeignet. Barbara Sommer, frühere Kultusministerin Nordrhein-Westfalens, hält jeden fünften Lehrer für nicht geeignet. Diese Zahlen sind sicherlich untertrieben. Aber gerade im Schulbereich wird deutlich, welche Schäden die Unkündbarkeit anrichten kann und wie fatal sich die Beamtenprivilegien auswirken.

Durch die hohe Bezahlung und die Bequemlichkeit des sicheren Arbeitsplatzes werden Studenten angelockt, die für diesen Beruf nicht geeignet sind. Diese klagen später dann am meisten, sind eine Belastung für die Schule, die Schüler und das Gesundheitssystem. Eine gerechte Bezahlung ohne übermäßige Privilegien würde dafür sorgen, dass nur diejenigen »auf Lehramt« studieren, die Kinder mögen, und nicht diejenigen, die lediglich einen lauen Job möchten.

Gerade Lehrer sollten deshalb keine Beamten sein. Für sie sollte der Beamtenstatus abgeschafft werden. Das Bundesland Sachsen hat es bereits vorgemacht. Und was in Sachsen geht, das sollte überall möglich sein.

Eine suboptimale Schulausbildung unserer Kinder, Nachhilfestunden, die an sich doch nicht notwendig sein sollten – das ist ein zu hoher Preis für die Arbeitsplatzsicherheit der Beamten.

Wenn sie schon nicht entlassen werden können, so sollten doch Versetzungen von Beamten uneingeschränkt möglich sein, selbst wenn diese mit Einkommensverlusten verbunden sein sollten.

kw-Stellen

Noch besser, als Beamter zu sein, ist es, Beamter auf einer kw-Stelle zu sein. Solche Stellen können »künftig wegfallen«. Der Beamte ist auf seiner Position quasi nur noch geduldet, sobald er die Stelle frei macht, weil er in Pension geht oder sich versetzen lässt, gibt es sie nicht mehr.

Versetzungen von Beamten von Seiten des Dienstherrn sind zwar grundsätzlich möglich, in der Praxis aber sehr schwierig. So muss die neue Stelle dem alten Anforderungsprofil entsprechen, was bei einer Stelle, die wegfallen soll, schon schwierig ist. Dann muss der Beamte seiner Ausbildung entsprechend eingesetzt werden (ein Beamter des Finanzamts darf zum Beispiel nicht im Jugendamt eingesetzt werden, auch wenn dort Bedarf besteht), und die neue Position muss genauso vergütet werden wie die bisherige. Es ist also gar nicht so einfach, einen Beamten gegen seinen Willen loszuwerden. Der Beamte weiß dies natürlich auch und kann deshalb bis zum Ruhestand auf seiner Stelle bleiben, ohne noch große Arbeitsleistungen erbringen zu müssen. Ein paradiesischer Zustand.

Der Dienstherr möchte, dass der Beamte die Stelle so schnell wie möglich verlässt, weil sie in der zukünftigen Planung der Behörde keine Rolle mehr spielt. Und um dieses Ziel, den Stellenabbau, zu erreichen, lässt er sich einiges einfallen: Er lockt mit Prämien, wenn der Beamte sich versetzen lässt, oder er bietet die Möglichkeit an, dass sich der Beamte in den »einstweiligen Ruhestand« versetzen lässt. Der Beamte erhält dabei 85 % seiner Bezüge weitergezahlt. Der einstweilige Ruhestand wird dann so lange verlängert, bis sich die normale Pension anschließt, also bis zum 65. Lebensjahr. Dank der 85-%-Regelung sind die Einschnitte bei der Pension relativ gering.

Oder er bietet den vorgezogenen Ruhestand an. Die Altersgrenzen – und die Hinzuverdienstgrenzen – sind hier teilweise aufgehoben. Oder der Beamte lässt sich beurlauben. Er kann in dieser Zeit in der Privatwirtschaft arbeiten und jederzeit wieder an seine kw-Stelle zurück. Und die Zeiten der Beurlaubung werden für die Pension voll angerechnet.

Teilweise werden auch aus politischen Gründen neue Stellen geschaffen, z. B. neue Polizei-Stellen, die aber von Anfang an den kw-Vermerk tragen. Im Wahlkampf hat man neue Lehrer oder Polizisten versprochen, kann sie aber nicht bezahlen. Der Bevölkerung wird Sand in die Augen gestreut. Die mit viel Trara und

Eigenlob eingerichteten Stellen fallen baldmöglichst wieder weg. Aber eben leider ist dieser Wegfall verbunden mit hohen Kosten. Und das ist in dieser Betrachtung das Entscheidende: Die Kosten für den Stellenabbau bei Beamten sind Kosten der Unkündbarkeit. Und diese Kosten werden bei den gängigen Vergleichsstudien zwischen Beamten und Arbeitnehmern nicht berücksichtigt.

Beamte aus Personalüberhang werden (mit ihrem Einverständnis) bei den Post-Nachfolgeunternehmen und in einigen Bundesländern auch in Personal-Service-Agenturen abgeschoben. Sie arbeiten dann beispielsweise in Call-Centern. Einkommenseinbußen müssen sie aber nicht befürchten. Auch wenn sie weniger qualifizierte Tätigkeiten ausüben – das einmal erreichte Einkommensniveau ist ihnen sicher.

Nach den Gesetzen zur »Verbesserung der Personalstruktur« dürfen Beamte der Post-Nachfolgeunternehmen mit 55 Jahren vorzeitig in den Ruhestand gehen. Und das ganz legal, beschlossen auch von ihren Bundestagsabgeordneten. Sie müssen dann zunächst die üblichen Abschläge für die vorzeitige Pensionierung hinnehmen (0,3 % pro Monat). Dafür erhalten Sie im Gegenzug dann aber wieder eine Ausgleichszahlung, so dass sie im Endergebnis keine finanziellen Einbußen hinnehmen müssen. Mehr als 11.000 Beamte haben dieses Angebot inzwischen angenommen. Die geschätzten Kosten, mindestens 30.000 € pro Kopf und Jahr, belaufen sich in zehn Jahren auf insgesamt 3.300.000.000 €.

Darüber hinaus wurden von den Post-Nachfolgeunternehmen Telekom, Post und Postbank in den Jahren 2002 bis 2008 fast 25.000 Beamte mit durchschnittlich 48 Jahren in den Ruhestand geschickt. Betriebswirtschaftlich eine vernünftige Entscheidung, denn die Pensionslasten für diese Beamten tragen nicht die Post-Nachfolgeunternehmen selbst, sondern die Staatskasse – die Steuerzahler. Bei – zurückhaltend geschätzten – 30.000 € Kosten für Pension und Beihilfe pro Jahr ergeben sich in 17 Jahren Kosten in Höhe von insgesamt fast 13.000.000.000 €.

Und für die ganz renitenten Beamten hat die Telekom 2008 noch einen draufgelegt und zahlt ihnen eine Prämie in Höhe von 10.000 €, wenn sie sich nur zurück in den Staatsdienst versetzen lassen.

Berechnung des Schatteneinkommens

Wie hoch ist nun die Arbeitsplatzsicherheit konkret zu bewerten?

Da ist zunächst einmal die tatsächliche Arbeitslosenquote im nicht-öffentlichen Sektor, die oben mit 15 % berechnet wurde. Dazu kommen zahlreiche nicht quantifizierbare Faktoren. Der Arbeitnehmeranteil am Arbeitslosenversicherungsbeitrag in Höhe von 1,5 % ist dann allerdings wieder abzuziehen, damit er insgesamt in den Schattentabellen nicht doppelt berücksichtigt wird.

Um jeglicher Kritik die Spitze zu nehmen, wird das Schatteneinkommen aufgrund der Arbeitsplatzsicherheit zugunsten der Beamten in den Berechnungen nur mit einem niedrigen Wert von 15 % berücksichtigt. Da einige Größen nur geschätzt oder gar nicht quantifiziert werden können, wird dieser Wert als absolute Untergrenze betrachtet. Er wird auf das nominale Nettoeinkommen abzüglich des Beitrags zur privaten Krankenversicherung bezogen.

Einkommensbesteuerung

Lohn- und Einkommensteuer

Keine Steuer auf das Schatteneinkommen

Die gesamten Alimentationsleistungen, die Beamte erhalten, sind (mit Ausnahme der Familienzuschläge) steuerfrei. Steuern bezahlen sie nur auf ihr Nominaleinkommen. Das Schatteneinkommen bekommen sie praktisch brutto für netto. Richtig wäre es dagegen, wenn auch Beamte ihr effektives Einkommen versteuern müssten, also das Nominaleinkommen zuzüglich des Schatteneinkommens.

Arbeitnehmer, die über ihr normales Gehalt hinaus noch Sonderleistungen erhalten, müssen diese ja auch versteuern, und zwar als »geldwerte Vorteile«. Bezahlt etwa der Arbeitgeber für seinen Arbeitnehmer zusätzlich zu dessen Gehalt noch Beiträge zu einer Lebensversicherung oder Unfallversicherung, so werden diese Beiträge dem Arbeitnehmer auf die Gehaltsabrechnung gesetzt und versteuert. Nichts anderes kann eigentlich auch für Beamte gelten. Der Schutz vor Arbeitslosigkeit, den der Staat ihnen bietet, die wesentlich bessere Altersversorgung, die besseren Regelungen bei Krankheit und Berufsunfähigkeit, alles das sind geldwerte Vorteile. Aber diese Vorteile muss der Beamte nicht versteuern. Er profitiert doppelt: Einmal von der Alimentation selbst, und dann noch davon, dass die Alimentationsleistungen steuerfrei sind, während der Arbeitnehmer, wenn er solche Vorteile bekommt, sie versteuern muss.

Sonderausgaben

Der Steuerbürger darf bei der Einkommensteuererklärung bestimmte Ausgaben, vor allem Versicherungsbeiträge, vom Gesamtbetrag seiner Einkünfte absetzen, und dadurch Steuern sparen. Der Staat gibt dem Bürger somit einen Anreiz, für sich selbst vorzusorgen.

Die Höhe dieser abzugsfähigen sogenannten Sonderausgaben ist allerdings begrenzt. Bis zum 31.12.2004 wurde der Höchstbetrag auf eine komplizierte Weise berechnet. Im Endeffekt betrug der Höchstbetrag für die meisten Arbeitnehmer 2.001 €. Bei einem Steuersatz von beispielsweise 30 % führte das zu einer Steuerersparnis von 600 €. Dieser Betrag von 2.001 € (maximal natürlich die tatsächlich gezahlten Versicherungsbeiträge) galt auch für Beamte. Für Beamte, die weniger oder gar keine Versicherungsbeiträge gezahlt haben, gab es aber in jedem Fall als Mindestbetrag eine Pauschale von 1.334 €.

Seit dem 1. Januar 2005 werden Beiträge zur Rentenversicherung und übrige Vorsorgeaufwendungen gesondert betrachtet. Beiträge zur Rentenkasse waren in 2005 zu 60 %, abzüglich des Arbeitgeberanteils, abzugsfähig. Das heißt, dass tatsächlich 10 % abzugsfähig waren.

Der Prozentsatz steigt bis 2025 jedes Jahr um 2 %-Punkte, so dass im Jahr 2025 dann 100 % erreicht sind. Der Arbeitnehmer musste also im Jahre 2005 40 % seiner Rentenbeiträge aus versteuertem Einkommen bezahlen. Im Jahre 2006 waren es dann 38 %, im Jahre 2007 36 % und so weiter. Wenn er dann später tatsächlich in Rente geht, sind aber nicht etwa 40 %, bzw. 38 % oder 36 % seiner Rente steuerfrei. Nein, er muss die Rente, für die er teilweise aus versteuertem Einkommen Beiträge eingezahlt hat, später noch einmal versteuern.

Für alle übrigen Vorsorgeaufwendungen (z. B. Lebensversicherungen nach altem Recht, Haftpflichtversicherungen) können Arbeitnehmer, ebenso wie Beamte, seit dem Jahr 2005 steuerlich jährlich in der Regel 1.500 € ansetzen; seit dem jahr 2010 1.900 €.

Hinsichtlich der steuerlichen Geltendmachung von Versicherungsbeiträgen galten damit für Arbeitnehmer und für Beamte sowohl nach altem Recht (bis 2004) als auch nach neuem Recht (ab 2005) praktisch die gleichen Regelungen und Höchstbeträge. Es ist deshalb nicht richtig, wie es manchmal angeführt wird, dass Arbeitnehmer einen Vorteil gegenüber Beamten haben, weil sie ihre Sozialversicherungsbeiträge teilweise steuerlich geltend machen können. Beamte konnten und können ihre Versicherungsbeiträge ganz genauso geltend machen. Sie zahlen nur keine Beiträge zur Sozialversicherung. Deshalb können Sie ihre anderen privaten Versicherungen heranziehen, wie z. B. Lebens- oder Haftpflichtversicherungen. Bei Arbeitnehmern sind die Höchstbeträge dagegen schon durch die Arbeitgeberanteile am Sozialversicherungsbeitrag ausgeschöpft. Ihre privaten Versicherungen fallen damit steuerlich unter den Tisch. Bei einer vergleichenden Betrachtung von Beamten und Arbeitnehmern muss man deshalb zu dem Ergebnis kommen, dass Arbeitnehmer ihren Arbeitnehmeranteil am Sozialversicherungsbeitrag weitgehend aus ihrem versteuerten Einkommen bezahlen.

Außergewöhnliche Belastungen

Ebenso wie die Sonderausgaben kann der Steuerbürger bestimmte sogenannte außergewöhnliche Belastungen vom Gesamtbetrag seiner Einkünfte absetzen. Außergewöhnliche Belastungen können beispielsweise Krankheitskosten sein, die von keiner Seite ersetzt wurden, oder die Unterstützung bedürftiger Angehöriger oder Schäden nach Naturkatastrophen ...

Allerdings kann man nicht die gesamten Kosten geltend machen. Die Kosten werden vom Fiskus gekürzt um die zumutbare Belastung. Es wird jedem zugemutet, einen Teil solcher Belastungen selbst zu tragen. Die Höhe dieser zumutbaren Belastung hängt von den Bruttoeinkünften und vom Familienstand ab und liegt je nach Einzelfall zwischen einem und 7 % der gesamten Einkünfte.

Bei Verheirateten mit mindestens drei Kindern und einem Einkommen unter 51.130 € beträgt die zumutbare Belastung 1 %, bei einem Single ohne Kinder und Einkünften von mehr als 51.130 € beträgt sie 7 % der gesamten Einkünfte. Wenn dieser Single etwa 100.000 € verdient und außergewöhnliche Belastungen in Höhe von 10.000 € nachweisen kann, so wird ihm zugemutet, dass er 7.000 € davon selbst tragen kann. Lediglich den überschießenden Betrag von 3.000 € kann er steuerlich geltend machen.

Bei Arbeitnehmern und Beamten ist die Berechnungsgrundlage für die zumutbare Belastung in der Regel das Bruttoeinkommen, wenn nicht noch andere Einkünfte, wie etwa aus Vermietung, dazukommen. Nun ist das Bruttoeinkommen von Beamten aber optisch niedriger als das von Arbeitnehmern. Denn der Arbeitnehmeranteil am Sozialversicherungsbeitrag, in der Regel ca. 20 % des Bruttoeinkommens, ist bei Arbeitnehmern Bestandteil dieses Bruttoeinkommens.

Bei Beamten dagegen gibt es keinen Arbeitnehmeranteil. Der Staat zahlt alles. Das Bruttoeinkommen von Beamten ist deshalb – rechnerisch – um diesen Arbeitnehmeranteil geringer als das des Arbeitnehmers. Das heißt, dass die zumutbare Belastung für Beamte ausgehend von einer niedrigeren Berechnungsgrundlage ermittelt wird.

Für Beamte ergibt sich deshalb eine niedrigere zumutbare Belastung, und zwar ist sie um 20 % niedriger als die von Arbeitnehmern. Beamte können deshalb ihre außergewöhnlichen Belastungen in größerem Umfang steuerlich geltend machen, als Arbeitnehmer dies können.

Das ist eine Ungerechtigkeit, die sich allerdings leicht beseitigen lässt: Die rechnerischen zumutbaren Belastungen für Beamte werden nochmals um 25 % erhöht, oder die der Arbeitnehmer um 20 % gekürzt, und schon ist eine Gleichstellung erreicht. Aber offenbar fehlt der politische Wille.

Versorgungsfreibetrag

Pensionären wird bei der Einkommensteuer noch ein besonderer Freibetrag von ihren Einkünften abgezogen, der Versorgungsfreibetrag. Dieser Freibetrag wurde 1966 eingeführt, als ein Ausgleich dafür, dass die Rentenbeiträge von Arbeitnehmern zur Hälfte von deren Arbeitgebern gezahlt werden und diese Arbeitgeberanteile für den Arbeitnehmer steuerfrei sind.

Der Versorgungsfreibetrag betrug bis 2004 40 % von der Pension, maximal aber 3.000 € im Jahr. Das heißt, in der Praxis betrug er immer 3.000 €. Bei einem Grenzsteuersatz von beispielsweise 30 % ergab das immerhin eine Steuerersparnis von 900 € im Jahr. Alleine diese Steuerersparnis ist damit schon höher als die monatliche Rente eines Durchschnittsrentners.

Für Rentner gibt es, man ahnt es schon, natürlich keinen Versorgungsfreibetrag. Und zwar deshalb, weil Renten rein steuerlich nicht als Versorgungsbezüge gelten. Konsequenterweise gibt es deshalb auch keinen Versorgungsfreibetrag. Aber natürlich haben Rente und Pension die gleiche Funktion, nämlich die Altersversorgung. Dass sie steuerlich in formaler Hinsicht ungleich behandelt werden, ist nicht zu rechtfertigen. Dass Pensionäre also einen Versorgungsfreibetrag erhalten, Rentner dagegen nicht, stellt ein vollkommen ungerechtfertigtes Privileg für Pensionäre dar.

Das hat inzwischen auch der Gesetzgeber eingesehen. Mit dem Alterseinkünftegesetz soll deshalb die Gleichstellung von Rentnern und Pensionären auch in diesem Punkt erreicht werden. Der Versorgungsfreibetrag wird deshalb abgeschafft. Aber – zu früh gefreut – natürlich nicht sofort. Der Fortschritt ist auch hier eine Schnecke, und zwar eine ganz besonders langsame. Die Abschaffung geschieht dadurch, dass der Betrag von 3.000 € langsam Jahr für Jahr abgesenkt wird, bis er im Jahre des Herrn 2040 dann endlich null beträgt. 2040! Und der Betrag wird nicht etwa für alle Pensionäre gesenkt, sondern nur für die jeweils in einem Jahrgang neu hinzukommenden. Wer schon Pensionär ist, muss keine Kürzung hinnehmen. Er behält »seinen« Freibetrag ein Leben lang.

Wer im Jahre 2010 in Pension ging, erhält z. B. lebenslang einen Freibetrag in Höhe von 2.360 €. Wer im Jahre 2039 in Pension geht, bekommt immer noch 80 €. Und dann kann er ja noch einige Jahrzehnte leben, wenn er wegen Dienstunfähigkeit vielleicht schon mit 40 oder 50 Jahren in den Ruhestand gegangen ist. Der Versorgungsfreibetrag wird uns also noch bis zum Ende des Jahrhunderts begleiten.

Wie die Welt am Ende dieses Jahrhunderts aussehen wird, das kann heute kein Mensch vorhersagen. Aber den Versorgungsfreibetrag wird es noch geben. Dabei ist es doch so einfach: Entweder der Versorgungsfreibetrag ist gerecht, dann bleibt er bestehen. Oder er ist ungerecht, dann wird er sofort abgeschafft. Oder er wird auch Rentnern gewährt.

Arbeitnehmer-Pauschbetrag und Zuschlag zum Versorgungsfreibetrag

Arbeitnehmer erhalten vom Finanzamt während ihrer aktiven Tätigkeit einen Arbeitnehmer-Pauschbetrag in Höhe von 1.000 €, der automatisch von ihrem Einkommen abgesetzt wird, und so die Einkommensteuer vermindert. Auch Beamte erhalten während ihres aktiven Arbeitslebens diesen Pauschbetrag. So weit, so gut. Wenn der Arbeitnehmer dagegen Rentner wird, fällt für ihn dieser

Pauschbetrag weg. Er ist ja nun kein Arbeitnehmer mehr. Anders sah es dagegen bei Beamten aus, die in Pension gingen. Sie erhielten von den Pensionen immer noch den Arbeitnehmer-Pauschbetrag steuerlich abgezogen, bis zum bitteren Ende. Denn die Pensionen werden steuerlich nicht als Renten, sondern als Arbeitseinkommen behandelt.

Diese unterschiedliche steuerliche Behandlung von Renten und Pensionen lässt sich nicht rechtfertigen. Denn wirtschaftlich betrachtet haben Renten und Pension dieselbe Funktion, nämlich die Altersversorgung. Pensionäre wurden deshalb völlig grundlos gegenüber Rentnern begünstigt.

Das Alterseinkünftegesetz brachte zunächst eine überraschende Änderung: Seit 2005 erhalten Pensionäre den bislang schon vollkommen zu Unrecht gewährten Arbeitnehmer-Pauschbetrag nicht mehr, sondern ebenso wie Rentner nur noch den Werbungskosten-Pauschbetrag in Höhe von 51 €. Das war schon ein sehr erstaunlicher Schritt. Hier wurde tatsächlich einmal bei den Beamten ein ungerechtfertigtes Privileg gestrichen.

Aber die Freude darüber wurde schnell getrübt, wenn man erfuhr, dass dafür ein Ersatz geschaffen wurde, und zwar ein Zuschlag zum Versorgungsfreibetrag. Das Kind hat nur einen anderen Namen bekommen. Aus dem Arbeitnehmer-Pauschbetrag wurde für Pensionäre der Zuschlag zum Versorgungsfreibetrag.

Für Beamte, die 2005 in Pension gingen, betrug dieser Zuschlag 900 €. Er wird nun allerdings Jahr für Jahr schrittweise abgeschmolzen, bis er dann im Jahr 2040 null beträgt. Aber auch für diese Abschmelzung kommt es auf das Jahr des Pensionsbeginns an. Der Zuschlag, den der Pensionär im Jahr des Pensionsbeginns bekommen hat, wird lebenslang fortgeschrieben. Wer also 2005 Pensionär wurde, bekommt lebenslang die 900 €.

Nur die Neu-Pensionäre in den späteren Jahren sind von der Abschmelzung betroffen. Wer im Jahr 2010 in Pension ging, erhielt noch 720 €, im Jahr 2011 waren es noch 684 € usw., aber jeweils eben auch lebenslang. Für Neu-Pensionäre des Jahres 2016 beträgt der – nochmals: völlig ungerechtfertigte – Versorgungsfreibetrag 504 €.

Der Zuschlag zum Versorgungsfreibetrag wurde ausdrücklich deshalb eingeführt, um Pensionäre gegenüber Rentnern nicht überproportional zu belasten! Dabei kann von einer übermäßigen Belastung der Pensionäre gegenüber Rentnern keine Rede sein. Im Gegenteil: Sachgerecht wäre es gewesen, einen besonderen Freibetrag für Rentner zum Ausgleich der Doppelbesteuerung einzuführen.

Doppelbesteuerung

Das Rentenurteil des Bundesverfassungsgerichtes vom 6. März 2002 bildete die Grundlage für das Alterseinkünftegesetz. Aufgrund dieses Urteils wurde die Rürup-Kommission gebildet, deren Empfehlungen weitgehend unverändert in das Alterseinkünftegesetz übernommen wurden. Der Vorsitzende dieser Kommission, Professor Bert Rürup, war jedoch einer derjenigen Sachverständigen, auf den sich das Bundesverfassungsgericht bei seinem Urteil maßgeblich berufen hatte.

Judikative und Legislative hörten also auf den gleichen Beamten als Experten. Urteil und Umsetzung des Urteils wurden maßgeblich von der gleichen Person geprägt. Das ist ein wahres Bubenstück. Und das Ergebnis, das Alterseinkünftegesetz, ist entsprechend beamtenfreundlich und rentnerunfreundlich. Rentner und zukünftige Rentner müssen nunmehr ihre Renten, für die sie aus versteuertem Einkommen Beiträge geleistet haben, nochmals versteuern.

Diese Doppelbesteuerung ist offenkundig verfassungswidrig. Aber, so die listige Begründung, aus fiskalischen Gründen geht es nicht anders. Die vorübergehende Doppelbesteuerung (bis zum Tode des letzten Arbeitnehmers, der bis 2040 in Rente gegangen ist!) muss hingenommen werden, weil sonst die Staatshaushalte explodieren würden. Da die an sich verfassungswidrige Doppelbesteuerung gerade dazu dient, letztendlich einen verfassungsgemäßen Zustand herzustellen, muss sie für einen Übergangszeitraum hingenommen werden.

Nun, dazu ist zu sagen, dass es auch andere Möglichkeiten gegeben hätte, mit denen letztlich das gleiche Ziel erreicht worden wäre, ohne dass es zu dieser ungerechten Doppelbesteuerung gekommen wäre. Beispielsweise ganz einfach durch eine allgemeine Steuererhöhung. So hätte die gesamte Gesellschaft das bezahlt, was jetzt nur die Rentner und zukünftigen Rentner bezahlen.

Solch eine allgemeine Steuererhöhung wäre politisch kaum durchsetzbar gewesen, das ist wohl wahr. Aber dass eine Maßnahme politisch nicht durchsetzbar ist, rechtfertigt eben keinen verfassungswidrigen Zustand.

Doch inzwischen hat auch der Bundesfinanzhof die Doppelbesteuerung der Rentner abgesegnet. Der Gesetzgeber hat nach Auffassung der Richter seinen Gestaltungsspielraum nicht überschritten.

Bei Pensionären wurde dagegen peinlichst darauf geachtet, dass sie nicht übermäßig belastet werden. Deshalb wurde ihnen extra ein Zuschlag zum Versorgungsfreibetrag gewährt. Dieser Zuschlag muss gestrichen werden. Für Rentner sind dagegen entsprechende Freibeträge einzuführen, um die Doppelbesteuerung zu kompensieren.

Berechnung des Schatteneinkommens

Aus Vereinfachungsgründen und zugunsten der Beamten wird hier nur betrachtet, wie hoch die Steuerersparnis für Beamte deshalb ist, weil Arbeitnehmer ihren eigenen Anteil am Sozialversicherungsbeitrag noch versteuern müssen.

Der Arbeitnehmeranteil am Sozialversicherungsbeitrag beträgt 20 %. Zu versteuern sind davon im Jahre 2015, aufgrund von Sonderregeln zur Rentenbesteuerung, nur 6 %. Bei einem angenommenen Grenzsteuersatz von 35 % ergibt sich, dass der Beamte etwa 2 % weniger Einkommensteuern zahlt, als der vom Bruttoeinkommen her vergleichbare Arbeitnehmer. Dieser Satz wird in den Schattentabellen auf das nominale Bruttoeinkommen bezogen und zugeschlagen, nach oben aber begrenzt auf 2 % von den Beitragsbemessungsgrenzen in der Sozialversicherung.

Progression und Progressionsvorbehalt

Progressionsvorteil für Beamte

Der Einkommensteuertarif in Deutschland ist so aufgebaut, dass mit steigendem Einkommen die Steuerbelastung überproportional zunimmt. Wer sein Einkommen verdoppelt, der zahlt dann nicht doppelt so viele Steuern, sondern mehr als doppelt so viel. Wer beispielsweise 20.000 € im Jahr zu versteuern hat, zahlt darauf als Lediger 2.560 € Einkommensteuer, das sind also rd. 13 %.

Wer das doppelte Einkommen, 40.000 €, zu versteuern hat, zahlt jetzt aber nicht 5.222 € Einkommensteuer, sondern 8.826 €, also rd. 22 %. Das ist die Steuerprogression. Sie wird allgemein als gerecht empfunden, denn wer mehr hat, der kann es sich auch leisten, einen relativ größeren Teil an die Gemeinschaft abzugeben, als der ärmere Nachbar.

Nun sind bestimmte Bestandteile des Einkommens in Deutschland steuerfrei. Das sind z. B. Einkommensbestandteile, die nicht in Deutschland, sondern im Ausland erzielt werden, oder auch das Arbeitslosengeld, das Mutterschaftsgeld, das Krankengeld, das Elterngeld. Aber auch an diesen an sich steuerfreien Einkommensteilen möchte der Fiskus seinen Anteil haben. Und dazu hat er sich den Progressionsvorbehalt ausgedacht.

Der Progressionsvorbehalt funktioniert so, dass beispielsweise jemand, der 30.000 € in Deutschland verdient, und dazu noch 70.000 € steuerfreie Einkünfte aus dem Ausland hat, nur 30.000 € versteuern muss, denn die 70.000 € sind ja steuerfrei. Aber für die 30.000 € wird nun nicht der Steuersatz zugrunde gelegt, der eigentlich für diesen Betrag gilt, nein, es wird der Steuersatz genommen, der für 100.000 € gilt.

Und das macht schon einiges aus. Der Steuersatz beträgt für einen Ledigen bei einem Einkommen von 30.000 € 18,2 %, das wäre dann also eine Einkommensteuer in Höhe von 5.4650 €. Der Steuersatz bei einem Einkommen von 100.000 € beträgt allerdings schon 33,6 %. Und dieser Satz wird jetzt auf die 30.000 € angewandt. Statt 5.5460 € muss der Steuerpflichtige jetzt 10.1080 € an den Fiskus zahlen. Obwohl die ausländischen Einkünfte steuerfrei sind, erhöhen sie doch die Steuerlast, in diesem Fall um 4.620 €.

Und so erhöhen auch andere an sich steuerfreie Einkommensteile, wie das Arbeitslosengeld, das Mutterschafts-, Kranken- oder das Elterngeld die Steuerlast. Auf diese Weise profitiert die Allgemeinheit wenigstens ein bisschen davon, wenn jemand steuerfreies Einkommen erzielt.

Nun haben Beamte steuerfreies Einkommen in beträchtlicher Höhe. Fast die gesamten Alimentationsleistungen, die sie erhalten, sind steuerfrei. Dazu gehört nicht nur der (fiktive) Arbeitnehmeranteil an den Sozialabgaben, den der Staat für sie übernimmt, sondern auch der Schutz vor Arbeitslosigkeit, die bessere Absicherung im Falle der Krankheit und Dienstunfähigkeit, die (fiktiven) Beiträge zur Rentenversicherung, die eben viel höher sind als diejenigen eines Arbeitnehmers, weil die im Alter gezahlten Leistungen so unvergleichlich viel besser sind.

Insgesamt besteht mehr als die Hälfte des effektiven Gesamteinkommens eines Beamten aus steuerfreien Alimentationsleistungen. Und dieses »Schatteneinkommen« ist nicht nur steuerfrei, es unterliegt auch nicht dem Progressionsvorbehalt. Es erhöht also nicht, wie z. B. im Falle von Krankengeld oder Elterngeld, die Steuerlast für die wirklich steuerpflichtigen Einnahmen.

Das macht sich besonders dann bemerkbar, wenn der Beamte noch über andere Einnahmen verfügen, z. B. aus Vermietung und Verpachtung oder aus Kapitalvermögen, oder, in den häufigsten Fällen sicherlich, aus Arbeitseinkünften des Ehepartners. Das Gesamteinkommen des Beamten liegt dann in einer niedrigeren Progressionsstufe als das eines vergleichbaren Arbeitnehmers. Die Steuerlast des Beamten ist geringer.

Hierzu ein Beispiel, bei dem aus Vereinfachungsgründen zugunsten der Beamten nur der Arbeitnehmerbeitrag zur Sozialversicherung in voller Höhe berücksichtigt wird, die übrigen Alimentationsleistungen jedoch nicht:

Der Beamte verdient 40.000 € brutto, der Arbeitnehmer 50.000 €, nämlich 10.000 € mehr, diese Differenz ist sein Arbeitnehmeranteil am Sozialversicherungsbeitrag. Hinzu kommen sollen in beiden Fällen nochmals 30.000 € Einkommen des Ehepartners. Der Beamte muss also insgesamt 70.000 € der Steuer unterwerfen, der Arbeitnehmer 77.000 € (Rentenversicherungsbeiträge in Höhe von 3.000 € sind für ihn steuerfrei; Krankenkassenbeiträge unberücksichtigt, da für beide steuerfrei). Die Steuerlast des Beamten beträgt dann durchschnittlich 20,3 %; die des Arbeitnehmers beträgt schon

21,6 %. Bei gleichem Einkommen hat der Beamte also einen geringeren Steuersatz.

Das ist die Wirkung der Progression und des fehlenden Progressionsvorbehalts für Beamte. Der Steuersatz des Arbeitnehmers ist um 1,3 Prozentpunkte höher. Und das sind in absoluten Zahlen immerhin 910 €. Und diese 910 € müssen bezogen werden nicht auf das Gesamteinkommen des Ehepaares, sondern auf das Einkommen des Beamten alleine. Der Vorteil des Beamten in Höhe von 910 €, bezogen auf sein nominales Einkommen in Höhe von 40.000 €, beträgt 2,3 %.

Bei einem Single, der ansonsten keine anderen Einkünfte hat, steigt der durchschnittliche Steuersatz von 22,0 % bei 40.000 € Einkommen auf 24,4 % bei 50.000 €. Der Vorteil für den Beamten beträgt absolut 2,4 Prozentpunkte, das sind 960 €. Relativ, bezogen auf das Nominaleinkommen des Beamten, sind es ebenfalls 2,4 %.

Die in diesen Beispielen errechneten Werte von 2,3 % bzw. 2,4 % sind dabei eher gering angesetzt. Je höher die Nebeneinkünfte sind, desto stärker fällt auch der Progressionsvorteil für die Beamten aus. Wenn etwa noch Nebeneinkünfte aus Vermietung und Verpachtung hinzukommen oder Einkünfte aus Kapitalvermögen (Zinsen, Dividenden) dann werden die relativen Vorteile rasch noch deutlich größer, denn man befindet sich dann in höheren Progressionszonen.

Und, wie gesagt, in den beiden obigen Beispielen wurde aus Vereinfachungsgründen als steuerfreies Beamteneinkommen nur der Arbeitnehmeranteil am Sozialversicherungsbeitrag berücksichtigt. Tatsächlich müssten noch berücksichtigt werden die Prämien des Arbeitnehmers für die Berufsunfähigkeitsversicherung, für eine Versicherung gegen Arbeitslosigkeit, für eine Altersversorgung auf Beamtenniveau, die sein Einkommen vermindern, seine Steuerlast jedoch nicht entsprechend. Zugunsten der Beamten wurde alles dies nicht berücksichtigt.

Allerdings gilt diese Betrachtung nur für die Zeit der aktiven Tätigkeit. Während der Renten- bzw. Pensionsbezugsphase drehte sich das Progressionsargument dann um. Jetzt hatten Pensionäre einen höheren Steuersatz als Rentner, weil die Pensionen voll besteuert werden, die Renten (bis zur Rentenreform 2005) jedoch »nur« mit dem Ertragsanteil.

Das hatte der Gesetzgeber aber bereits 1966 auch gesehen, und deshalb zum Ausgleich den Pensionären noch einen besonderen Freibetrag, den Versorgungsfreibetrag, gewährt. Er betrug (bis 2005) 3.000 € und sollte die (angebliche) steuerliche Benachteiligung von Pensionären gegenüber Rentnern ausgleichen. Tatsächlich dreht sich das Progressionsargument während der Renten- bzw. Pensionsbezugsphase deshalb nicht um.

Darüber hinaus dauert die Einzahlungsphase bei dem Eckrentner 45 Jahre, in denen er den Progressionsnachteil trägt. Die Rentenbezugsdauer, während der man allenfalls von einer Umkehrung des Progressionsarguments sprechen könnte, dauert nur 19 Jahre.

Nach allen diesen Überlegungen wird deshalb insgesamt in den Schattentabellen zugunsten der Beamten ein nur moderater Zuschlagssatz in Höhe von 2,5 % auf die Bruttobesoldung (zuzüglich der Familienzuschläge) angenommen.

Notwendige Konsequenzen

Um den Progressionsvorteil für Beamte abzubauen oder wenigstens zu mildern, sollten die Einkommen von Beamten für die Zwecke der Einkommensbesteuerung fiktiv um 25 % erhöht werden. Ein Beamter, der 40.000 € lt. Lohnsteuerkarte verdient hat, muss dann

50.000 € versteuern. Das ist keine Schikane, sondern nur gerecht. Denn der vergleichbare Arbeitnehmer hat – rechnerisch – 50.000 € lt. Lohnsteuerkarte verdient. Sein Anteil am Sozialversicherungsbeitrag, den er teilweise versteuern muss, beträgt 10.000 €.

Und der Beamte, der lt. Lohnsteuerkarte 40.000 € verdient hat, wird dann auch in der Progression so gestellt, als ob er 50.000 € verdient hätte. Dies ist ebenfalls ein Erfordernis der Gerechtigkeit.

Das Bundesverfassungsgericht hat in seinem Rentenurteil vom 6. März 2002 die steuerliche Gleichbehandlung von Rentnern und Pensionären gefordert. Konsequenterweise muss diese Forderung dann aber nicht nur für Ruheständler, sondern auch für die aktiv Beschäftigten gelten.

Wenn der Gesetzgeber hier nicht tätig werden sollte, so bleibt zu hoffen, dass sich einige Arbeitnehmer finden, die die Mühen und Kosten nicht scheuen und gegen ihre Einkommensteuerbescheide Einspruch und Klage einreichen und die Sache bis zum Verfassungsgericht hochtreiben, um hier endlich eine Gleichbehandlung zu erreichen.

Sonstige Privilegien

Das Zulageunwesen

Allgemeine Stellenzulage

Jeder Bundesbeamte erhielt bis 2009 ohne weiteres eine ruhegehaltsfähige allgemeine Stellenzulage. Sie war nicht an Bedingungen geknüpft. Sie betrug im einfachen und mittleren Dienst 17 €, im gehobenen und höheren Dienst 80 € monatlich. Im gehobenen und höheren Dienst fallen in der Regel weniger Erschwerniszulagen an als im einfachen und mittleren Dienst. Zum Ausgleich für die geringeren Erschwerniszulagen war dafür die allgemeine Stellenzulage höher. Ab 2010 ist die allgemeine Stellenzulage in das Grundgehalt eingebaut worden. Sie ist also nicht verschwunden, sondern wird nur nicht mehr separat ausgewiesen.

Stellen-, Amts- und Funktionszulagen

Hierunter fallen unter anderem die Ministerialzulage, die Polizeizulage, die Flugsicherungszulage, die Außendienstzulage in der Steuerverwaltung, die Zulage für fliegendes Personal, die Feuerwehrzulage, die Zulage für Justizvollzugsbeamte, die Marinezulage, die Zulage für Dienst in psychiatrischen Anstalten ...

Diese Zulagen entfallen allerdings, wenn die Tätigkeit nicht ausgeübt wird, weil der Beamte etwa in den Ruhestand versetzt wurde, oder wenn er – mit seiner Zustimmung – versetzt worden ist und dann tatsächlich eine andere Tätigkeit ausübt. Diese Zulagen werden also dafür bezahlt, dass man die Tätigkeit, für die man ausgebildet und eingestellt wurde, auch tatsächlich durchführt. Wenn eine solche Zulage aber wegfällt, gibt es im Gegenzug dafür unter Umständen eine Ausgleichszulage.

Leistungsprämien und Leistungszulagen

Für dauerhaft herausragende Leistungen können Beamte nicht ruhegehaltsfähige Leistungsprämien (als Einmalzahlung) und Leistungszulagen (dauerhaft für maximal ein Jahr) erhalten. Die einmalige Prämie darf höchstens ein Anfangsgrundgehalt betragen, die monatliche Zulage höchstens 7 % eines Anfangsgrundgehaltes. Maximal können 15 % der Beamten in den Genuss solcher Sonderzahlungen kommen. Derzeit werden mindestens 0,3 % der Besoldungsausgaben des jeweiligen Vorjahres ausgeschüttet. Es ist gesetzlich festgelegt, dass dieses Budget vollständig ausgezahlt werden muss. Unterschreitungen nach unten sind nicht zulässig.

Problematisch an den Leistungszulagen und -prämien ist es, dass die Leistungen von Beamten untereinander verglichen werden. Es wird also gegebenenfalls Schlendrian mit Schlendrian verglichen. Wer in diesem Vergleich etwas bessere Leistungen erbringt, erbringt deshalb noch lange keine guten Leistungen. Für einen echten, objektiven Vergleich müssten die Leistungen von Arbeitnehmern aus der freien Wirtschaft herangezogen werden. Denn das 15 % der Beamten herausragende Leistungen erbringen, kann ernsthaft nicht behauptet werden.

Erschwerniszulagen

Nach der Erschwerniszulagenverordnung erhalten einige Beamte Zulagen, wenn sie ihre Tätigkeit tatsächlich ausüben. Darunter gibt es die kuriosesten Dinge: Taucher erhalten eine Zulage dafür, dass sie tauchen, und zwar abhängig von der Wassertiefe, in der sie tätig sind. Für Tätigkeiten an Antennen gibt es die Antennenzulage, aber nur dann, wenn Arbeiten an Antennen zu den regelmäßigen Aufgaben des Beamten gehören. Die Antennenzulage ist ebenfalls gestaffelt, nach der Höhe der Antenne. Weitere Beispiele für Erschwerniszulagen sind die Fallschirmspringerzulage; die Kampfschwimmerzulage; die Bordzulage, wenn man auf seegängigen Schiffen arbeitet; die U-Boot-Zulage; die Bergführerzulage; die Zulage für den Dienst zu ungünstigen Zeiten. Die Zulage für den Dienst zu ungünstigen Zeiten wird auch dann gezahlt, wenn man aufgrund eines Dienstunfalls gar nicht arbeitet – absurd, aber wahr. Bis vor einigen Jahren gab es noch die Prüferzulage für Professoren, die ihren Studenten Prüfungen abgenommen haben. Diese ist wenigstens abgeschafft worden. Das Abnehmen von Prüfungen gilt heute als »mit dem Amt abgegolten«.

Erschwerniszulagen können im Einzelfall sinnvoll sein, wenn eine ungewöhnliche Leistung erforderlich ist. Für Tätigkeiten, die der Beruf allerdings gewöhnlich mit sich bringt, sind solche Zulagen jedoch nur eine versteckte Besoldungserhöhung, die für die Öffentlichkeit aber kaum zu erkennen ist, weil diese Zulagen eben in den Besoldungstabellen nicht ausgewiesen werden. Normale Tätigkeiten, die zu dem Beruf dazugehören, sollten, wie die frühere Prüferzulage der Professoren, als »mit dem Amt abgegolten« gelten. Der Wildwuchs, der Zulagendschungel, muss gerodet werden.

Siebtes Besoldungsänderungsgesetz

Eine große Herausforderung für unsere Gesellschaft stellt der derzeitige Flüchtlingszustrom aus den Krisengebieten dieser Welt dar. Ohne den großartigen Einsatz von zahllosen freiwilligen Helfern wäre dieser Kraftakt kaum zu meistern. Nur den zuständigen Beamten des Bundesamtes für Migration und Flüchtlinge wurde vorgeworfen, sie würden »Dienst nach Vorschrift« leisten und somit keinen Beitrag zur Entschärfung der Probleme leisten. Um diesen Vorwürfen entgegentreten zu können, hat der Bundestag am 5. November 2015 beschlossen, den Mitarbeitern das BaMF von Januar 2016 bis Dezember 2018 eine Zulage für die hohe Belastung zu zahlen. Sie beträgt im einfachen Dienst 85 € monatlich, im mittleren 110 €, im gehobenen 125 € und im höheren Dienst 140 €.

Ferner sollen zur Bewältigung der hohen Flüchtlingszahlen Beamte, die kurz vor dem Ruhestand stehen, motiviert werden, diesen hinauszuschieben. Dafür erhalten sie Zulagen von bis zu 15 % ihres letzten Grundgehalts. Für Pensionäre, die kurzfristig zurückkehren und das Personal verstärken, werden die Hinzuverdienstregeln aufgehoben.

Mit Verlaub: Das grenzt schon an Untreue durch die verantwortlichen Politiker.

Berechnung des Schatteneinkommens

Die Besoldungstabellen geben die wahren Einkommensverhältnisse der Beamten nur unzureichend wieder. Denn insgesamt machen die Zulagen einen nicht unerheblichen Anteil der Beamtenbesoldung aus. Manch Beamter erhöht durch die Zulagen seine Grundbesoldung nochmals um 20 %. Im Durchschnitt aller Beamten machen die Zulagen nach einer Angabe des Bundes der Steuerzahler aus dem Jahre 2003 4 % der Besoldungsausgaben aus.

In den Schattentabellen wird deshalb auf die »nackte« Bruttobesoldung laut Besoldungstabelle noch ein Zuschlag von 4 % vorgenommen.

Altersteilzeit

Mit Altersteilzeit wird der gleitende Übergang in den Ruhestand bezeichnet, versüßt durch eine Aufstockung des Gehalts durch den Arbeitgeber und einen Zuschuss vom Arbeitsamt. Er ist nach dem Altersteilzeitgesetz ab dem 55. Lebensjahr in zwei Varianten möglich, als Blockmodell oder als durchgehende Teilzeitarbeit. Bei dem beliebteren Blockmodell arbeitet der Beschäftigte zunächst drei Jahre voll, die zweiten drei Jahre der Altersteilzeit wird überhaupt nicht gearbeitet. Bei der durchgehenden Teilzeitarbeit arbeitet der Beschäftigte sechs Jahre lang mit der Hälfte seiner regelmäßigen wöchentlichen Arbeitszeit. Die Bezuschussung durch das Arbeitsamt läuft allerdings aus. Wer sie bis zum 31.12.2009 nicht beantragt hat, das heißt, wer dann noch jünger als 55 Jahre ist, kommt nicht mehr in diesen Genuss. Sechs Jahre nach diesem Termin, also am 31.12.2015, ist die Altersteilzeit mit Zuschuss dann also endgültig Geschichte; ohne Zuschuss aber weiterhin möglich, nur eben nicht mehr so lukrativ.

Dennoch lohnt sich im Hinblick auf die Beamtenprivilegien ein Blick auf diese auslaufende Form des gleitenden Übergangs in den Ruhestand. Denn Beamte sind auch hier gegenüber Arbeitnehmern begünstigt:

Arbeitnehmer in Altersteilzeit erhalten nicht 50 %, sondern 70 % ihres Nettolohns, weil der Lohn durch Zuschüsse vom Arbeitgeber und vom Arbeitsamt aufgestockt wird. Die Rentenbeiträge, die dem Rentenkonto gutgeschrieben werden, betragen sogar rd. 90 % der Beiträge, die bei Vollzeitarbeit geleistet worden wären.

Bei Beamten und Quasibeamten sieht es so aus: Sie erhalten 83 % der bisherigen Nettobezüge, nämlich ihre normale Teilzeit-Besoldung für die entsprechende Arbeitszeit und zusätzlich einen (steuerfreien) Zuschlag, der die Teilzeit-Besoldung eben auf diese 83 % aufstockt.

Noch einmal: Beamte erhalten 83 %, Arbeitnehmer 70 %. Das sind absolut 13 Prozentpunkte mehr für Beamte, relativ gerechnet sind es 19 %.

Beamte in Altersteilzeit nehmen auch an der allgemeinen Besoldungsentwicklung teil. Sie können während dieser Zeit befördert werden und in höhere Besoldungsstufen aufsteigen.

Die Altersteilzeit wirkt sich praktisch nicht auf die ruhegehaltsfähigen Dienstbezüge aus. Die Pension wird nach den vollen Dienstbezügen gezahlt, die der Beamte erhalten hätte, wenn er voll gearbeitet hätte (und nicht »nur« 83 %).

Lediglich die Dauer der Altersteilzeit wird nur zur 9/10 als ruhegehaltsfähige Dienstzeit anerkannt. 72 Monate Altersteilzeit vermindern die ruhegehaltsfähige Dienstzeit des Beamten also um sieben Monate. Da Beamte ihre Höchstpension jedoch schon nach 35 bis 40 Jahren erreicht haben, dürfte dies in den meisten Fällen kaum eine Auswirkung auf die Höhe der Pension haben.

Die vorschüssige Auszahlung

Beamte erhalten ihre Besoldung und Pensionäre ihre Pension monatlich im Voraus ausgezahlt. Arbeitnehmer erhalten ihr Entgelt dagegen üblicherweise am Monatsletzten. Arbeitslose erhalten das Arbeitslosengeld ebenfalls monatlich nachträglich. Und auch Renten aus der gesetzlichen Rentenversicherung werden am Ende des laufenden Monats fällig.

Auch für Beamte sollte der Auszahlungstermin der letzte des Monats sein und nicht der erste. Denn was Arbeitnehmern, Rentnern und Arbeitslosen zuzumuten ist, das stürzt auch Beamte nicht in die Armut. Die bisherige Regelung der vorschüssigen Auszahlung der Besoldung und Pensionen bedeutet praktisch die Gewährung eines ungerechtfertigten Kredits. Beamten und Pensionären entstehen dadurch Zinsgewinne, für den Steuerzahler entsteht Zinsaufwand in nicht unbeträchtlicher Höhe.

Wenn man aus Soll- und Habenzinssatz einen durchschnittlichen Mischzinssatz in Höhe von 6 % pro Jahr annimmt, so sind das monatlich 0,5 %. Dieser Satz wird deshalb in den Schattentabellen auf das nominale Nettoeinkommen abzüglich des Beitrags zur privaten Krankenversicherung berechnet und zugeschlagen.

Die Umstellung auf eine monatliche nachträgliche Zahlungsweise kann allerdings begreiflicherweise nicht in einem Schritt erfolgen. Eine solche Härte ist nicht erforderlich. Eine zeitliche Streckung auf 15 Monate, wobei sich der Auszahlungstermin jeweils um zwei Tage verschiebt, sollte allerdings zumutbar sein.

Bei rund 120 Milliarden € Personalausgaben der Gebietskörperschaften für Besoldungen und Pensionen im Jahr ergibt sich daraus immerhin eine Zinsersparnis von 7 Milliarden €. Und wenn in einem Kalenderjahr nur 11 statt 12 Zahlungen anfallen, bedeutet dies zusätzlich eine Liquiditätsersparnis in Höhe von mehr als 8 Milliarden €. Dagegenzurechnen sind entsprechend verspätete Einkommensteuerzahlungen. Dennoch wäre die Umstellung der Zahlungstermine eine einfache und gerechte Maßnahme, die die öffentlichen Haushalte stark entlastet.

Kalte Einkommenserhöhungen

Beitragserhöhungen

Erhöhungen der Beiträge zur gesetzlichen Sozialversicherung für Arbeitnehmer und Leistungskürzungen, die nicht in das Beamtenrecht übertragen worden sind, haben in den letzten Jahrzehnten vielfach zu »kalten« oder »versteckten« Einkommenserhöhungen für Beamte geführt.

»Kalt« sind diese Einkommenserhöhungen für Beamte, weil sie sich in der Bruttobesoldung gar nicht ausdrücken. Die Bruttobesoldungen stiegen im Gleichschritt mit den allgemeinen Tariferhöhungen für die Arbeitnehmer. Das verfügbare Einkommen der Arbeitnehmer ist aber durch Beitragssatzerhöhungen und Leistungsverschlechterungen gesunken, während Beamte von solchen Maßnahmen nicht betroffen sind. Obwohl also Bruttobesoldung und Bruttolöhne und -gehälter sich gleichmäßig entwickelten, ist das Verhältnis der verfügbaren Einkommen von Arbeitnehmern zu den verfügbaren Einkommen der Beamten immer schlechter geworden.

So betrug 1957, mit Einführung der umlagefinanzierten Rente, der Arbeitnehmeranteil an den Sozialabgaben 12 % der Bruttoentgelte. Bis 1989, bis zur deutschen Einheit, ist dieser Beitragssatz fast kontinuierlich bis auf 18 % angestiegen. Im Gefolge der Vereinigung stieg er bis auf 21 %. Seit Januar 2016 beträgt er 20,4 %, für einen Kinderlosen 20,7 %.

Das bedeutet für die Beamten gegenüber den Arbeitnehmern von 1957 bis 1989 eine kalte Einkommenserhöhung um 6 %, von 1990 bis 2016 eine weitere kalte Einkommenserhöhung um 2,4 %, insgesamt also in der Geschichte der Sozialversicherung in der Bundesrepublik um 8,4 %, und das nur bezogen auf den Beitragssatz, ohne Berücksichtigung der nicht in das Beamtenrecht übertragenen Leistungskürzungen.

Besonders deutlich wird der Effekt in der Arbeitslosenversicherung seit 1990: Denn die hohe Arbeitslosigkeit in der ehemaligen DDR ist eine Folge der Einheit und des abrupten Systemwechsels. Die Kosten für diesen Anpassungsschock wären deshalb von der Allgemeinheit zu tragen gewesen, also aus Steuermitteln, und nicht nur von den Arbeitnehmern. Tatsächlich zahlten aber nur die Arbeitnehmer: Der Beitrag zur Arbeitslosenversicherung stieg von 1990 bis 2006 von 4,3 % auf 6,5 %. Das schmälerte entsprechend die Nettoeinkommen der Arbeitnehmer. Die Nettoeinkommen der Beamten blieben unverändert.

Leistungskürzungen

In jüngerer Zeit wurde die soziale Absicherung für Arbeitnehmer insbesondere durch die Hartz-Gesetze verschlechtert. Ein besonders schwerwiegender Eingriff war »Hartz IV«: Aufgrund des Wegfalls der Arbeitslosenhilfe und der Einführung scharfer Vermögensanrechnungsregeln gerieten Arbeitnehmer heute schneller in Notlagen als vor dieser Reform. Man mag dazu stehen, wie man will: Objektiv hat sich die soziale Lage der Arbeitnehmer zunächst einmal verschlechtert. Und diese Verschlechterung wurde in keiner Weise in das Beamtenrecht übertragen.

Eine Übertragung »eins zu eins« ist auch kaum möglich. Aber eine wirkungsgleiche Übertragung, durch eine entsprechende Absenkung der Besoldung, ist möglich und geboten. Wenn in Rechte der Arbeitnehmer eingegriffen wird, so muss ein äquivalenter Eingriff auch in Rechte der Beamten erfolgen.

Weitere Beispiele für Leistungskürzungen für Arbeitnehmer, die gar nicht oder nicht äquivalent in das Beamtenrecht umgesetzt wurden, finden sich insbesondere im Rentenrecht:

Unter anderem handelt es sich um die Kürzung der Anerkennung von Ausbildungszeiten (1975), die Einführung der Krankenversicherung für Rentner (1983), die Kürzung der Hinterbliebenenrente (1985), die weitere Kürzung der Anerkennung von Ausbildungszeiten (1989), den Pflegeversicherungsbeitrag für Rentner (1995), die weitere Kürzung der Anerkennung von Ausbildungszeiten (1996) und die Abschaffung der Berufsunfähigkeitsrente (2000).

Das sind nur einige Beispiele. Alle diese Maßnahmen führten zu einer weiteren Vergrößerung des Abstandes zwischen verfügbaren Beamten- und Arbeitnehmereinkommen. Umgekehrte Beispiele von dauerhaften Leistungsausweitungen für Arbeitnehmer, die nicht auf Beamte übertragen wurden, sind dagegen trotz großer Mühe nicht zu finden.

Steigende Lebenserwartung

Auch die steigende Lebenserwartung führt zu kalten Einkommenserhöhungen für Beamte. Das ist weder zynisch noch ein Anlass zum Schmunzeln, sondern ein ernsthaftes Problem. Man muss das ganz nüchtern sehen: Pro Jahr steigt die Lebenserwartung um 3 Monate. Renten und Pensionen werden immer länger bezahlt. Da die Pensionen aber viel höher sind als die Renten, haben Beamte mehr davon. Jedes Mal, wenn die Lebenserwartung um einen Monat steigt, bedeutet das für den Eckpensionär ein Plus von 3.000 €, für den Eckrentner(40) eines von 1.088 €.

In den 65 Jahren seit Bestehen der Bundesrepublik ist die Lebenserwartung aber von knapp 66 Jahre auf über 80 Jahre um rund 15 Jahre gestiegen. Allerdings erreichen nicht alle das Rentenalter. Ein sinnvollerer Maßstab als die Lebenserwartung ist deshalb die Rentenbezugsdauer. Aber auch diese ist seit der Einführung unseres Rentensystems deutlich gestiegen. Von 1957 bis heute hat sie sich um 10 Jahre verlängert, von damals 9 Jahre auf heute 19 Jahre.

Der Abstand zwischen einem Eckpensionär und einem Eckrentner(40) ist damit um 183.552 € gewachsen (1.912 € x 96 Monate). Diese Summe müsste ein Arbeitnehmer während seines aktiven Arbeitslebens im Vergleich zu 1957 zusätzlich ansparen, um nur die gestiegene Lebenserwartung auszugleichen, ganz abgesehen von der ohnehin bestehenden Differenz zwischen Renten und Pensionen. Die Prämien für private Lebensversicherungen sind entsprechend gestiegen. Eine solche Sparleistung ist aber für einen Arbeitnehmer praktisch unmöglich.

Ein Ausgleich durch eine entsprechende Absenkung der aktiven Dienstbezüge für Beamte ist nicht erfolgt. Wenn aber die Verhältnisse sich so gravierend ändern, kann in den Strukturen nicht alles beim Alten bleiben. Sollte es jemals gerecht gewesen sein, dass die Pensionen höher sind als die Renten, dann ist jedenfalls durch den enormen Anstieg der Lebenserwartung quasi die Geschäftsgrundlage dafür weggefallen. Auf die veränderten Verhältnisse muss reagiert werden. Wenn man aber eine Senkung der aktiven Dienstbezüge nicht durchsetzen kann oder will, dann ist es die sauberste Lösung, wenn Beamte auch in die gesetzliche Rentenversicherung einbezogen werden.

Sonstige soziale Wohltaten

Bruttoeinkommen als Verdienstgrenze

Beamte erhalten über ihre Besoldung hinaus auch die gleichen sozialen Leistungen, wie sie Arbeitnehmer erhalten, wenn die jeweiligen Bedingungen erfüllt werden. Man könnte ja meinen, dass sie von Wohltaten wie etwa vermögenswirksamen Leistungen, der Wohnungsbauprämie, der Eigenheimzulage, der Arbeitnehmersparzulage oder auch dem Elterngeld ausgeschlossen sind, weil sie ja alimentiert werden. Denn für jemanden, der alimentiert wird, besteht ja überhaupt kein Bedarf an weiteren Sozialleistungen. Das ist aber natürlich nicht der Fall. Beamte nehmen alles mit.

Sie werden sogar nochmals zusätzlich privilegiert: Denn wenn die Gewährung von solchen Sozialleistungen vom Unterschreiten bestimmter Verdienstgrenzen abhängig ist, dann wird der Bruttoverdienst zugrunde gelegt. Und der Bruttoverdienst ist bei Beamten – rechnerisch – um 20 % niedriger als bei Arbeitnehmern, weil in der Bruttobesoldung kein Arbeitnehmeranteil am Sozialversicherungsbeitrag enthalten ist. Dagegen ist der Sozialversicherungsbeitrag von Arbeitnehmern Bestandteil ihres Bruttoverdienstes. Und deshalb liegen diese Verdienstgrenzen faktisch für Beamte immer um 20 % niedriger als für Arbeitnehmer.

Beamte erhalten deshalb leichter die Eigenheimzulage, die Wohnungsbauprämie, das Wohngeld, die Arbeitnehmersparzulage und viele andere Leistungen. Auch hier wäre es leicht möglich, Gerechtigkeit herzustellen, indem die jeweiligen Einkommensgrenzen für Beamte um 20 % gesenkt werden. Im Zeitalter der EDV ist das nun wirklich kein Problem. Beispielsweise betrüge die Einkommensgrenze, bis zu der die Wohnungsbauprämie gewährt wird, für einen ledigen Beamten dann nicht 25.600 € wie für einen ledigen Arbeitnehmer, sondern 20.480 €.

Nettoeinkommen als Bemessungsgrundlage

Wenn allerdings eine Sozialleistung nicht vom Unterschreiten von Verdienstgrenzen abhängig ist, sondern prozentual vom Einkommen ausgezahlt wird, dann wird nicht das Bruttoeinkommen zugrunde gelegt, sondern dass Nettoeinkommen. Das Nettoeinkommen eines Beamten ist, weil er keine Sozialabgaben zahlt, – rechnerisch – um 25 % höher als das eines Arbeitnehmers, der nominal das gleiche Bruttoeinkommen hat. Und weil z. B. das Elterngeld sowohl für den Beamten als auch für den Arbeitnehmer in den meisten Fällen 65 % des pauschalierten Nettoeinkommens beträgt, bekommt der Beamte ein wesentlich höheres Elterngeld.

Der Arbeitnehmer, der 3.000 € brutto verdient und damit, in Steuerklasse IV, 1.916 € netto, bekommt Elterngeld in Höhe von 1.174 € monatlich (www.elterngeldrechner.de).

Die rechnerische Abweichung von den genannten 65 % liegt darin begründet, dass nicht das tatsächliche Nettoentgelt zugrunde gelegt wird, sondern ein pauschaliertes. So wird etwa nicht der der derzeitige Sozialversicherungsbeitragssatz von 20,425 % angesetzt, sondern ein pauschalierter in Höhe von 21 %.

Der Beamte, der 3.000 € brutto verdient, hat netto, ebenfalls in Steuerklasse IV, 2.433 €. Er bekommt ebenfalls 65 % Elterngeld von seinem pauschalierten Nettoeinkommen, das sind für ihn 1.547 €. Bei gleichem Bruttoeinkommen bekommt der Beamte 373 € mehr Elterngeld. Bezogen auf die 1.174 €, die der Arbeitnehmer erhält, sind das in diesem Beispiel 32 %.

Denn für den Beamten werden keine (pauschalen) Sozialversicherungsbeiträge als Minderung des Netto berücksichtigt – nicht einmal für seine private Krankenversicherung. Hier haben Beamte wieder einmal Gesetze für Beamte gemacht und ganze Arbeit geleistet. Und unsere Abgeordneten haben es abgenickt.

Erwartbar gewesen wäre allerdings eine Differenz von 25 %, die bei der Bruttobesoldung des Beamten dem fehlenden Arbeitnehmeranteil an den Sozialabgaben entsprechen würde. Die tatsächlich um 7 Prozentpunkte größere Differenz ist der Steuerprogression geschuldet, die sich zusätzlich zum Vorteil des Beamten auswirkt.

Zur Verifizierung und Verdeutlichung ein weiteres Beispiel: Verglichen werden soll jetzt das Elterngeld des Beamten, der 3.000 € brutto verdient, mit demjenigen des Arbeitnehmers, der 3.750 € brutto verdient. Das Arbeitnehmereinkommen ist in diesem Fall um 25 % höher als das Beamteneinkommen. Diese 25 % entsprechen rechnerisch dem Arbeitnehmeranteil am Sozialversicherungsbeitrag.

Das Nettoeinkommen des Beamten beträgt weiterhin 2.433 €, er erhält 1.547 € Elterngeld. Das Nettoeinkommen des Arbeitnehmers beträgt jetzt 2.292 €, sein pauschaliertes Elterngeld 1.414 €. Die Differenz zum Elterngeld des Beamten beträgt in diesem Beispiel 133 €, das sind, bezogen auf 1.414 €, 9 %. Auch dies ist eine Folge der Steuerprogression.

Es handelt sich hier um einen unhaltbaren Zustand. Für Zwecke der Berechnung des Elterngeldes und sonstiger Leistungen, für die das Nettoeinkommen die Berechnungsgrundlage darstellt, ist die Bruttobesoldung des Beamten fiktiv um 25 % zu erhöhen. Aus diesem Betrag ist dann ein fiktives Nettoeinkommen zu ermitteln, und zwar so, als ob der Beamte ein Arbeitnehmer wäre und Sozialabgaben zahlen müsste.

Natürlich sollte der Progressionsvorteil für Beamte komplett gestrichen werden. Aber mit dem Elterngeld kann man ja schon einmal beginnen.

Zweiter Teil

Vorbemerkungen

Im Folgenden wird zunächst die ab dem 1. März 2015 gültige Besoldungstabelle für die Bundesbeamten vorgestellt, weil diese in dieser Form im Prinzip auch in den Bundesländern gilt. Die Besoldungen erhöhen sich mit der Erfahrung zunächst im Zweijahres-, dann im Dreijahres- und dann im Vierjahresrhythmus. Die höchste Erfahrungsstufe wird nach 23 Jahren erreicht. Der Durchschnittsdeutsche ist 45 Jahre alt und hat damit als Beamter die höchste Erfahrungsstufe acht erreicht. Die Besoldung dieser Erfahrungsstufe wird in den Schattentabellen A2 bis A16 jeweils als Ausgangswert angenommen.

Hinzugerechnet werden die Familienzuschläge, so dass sich das nominale Bruttoeinkommen ergibt. Zulagen werden zugunsten der Beamten nicht berücksichtigt.

Betrachtet werden zwei Fallgestaltungen: Der ledige Beamte ohne Kinder in Steuerklasse I und der verheiratete Beamte mit drei Kindern in Steuerklasse III. Im Falle des verheirateten Beamten erhöht sich das nominale Bruttoeinkommen noch um den Familienzuschlag, da dieser als Bruttobetrag gezahlt wird. Ausgangspunkt für die Berechnung des Zuschlagfaktors ist jedoch auch für den verheirateten Beamten das nominale Nettoeinkommen ohne den Familienzuschlag.

Zu diesem nominalen Nettoeinkommen (ohne Familienzuschlag) werden dann die einzelnen Bestandteile des Schatteinkommens addiert. Dabei handelt es sich jeweils um Nettobeträge. Das nominale Einkommen (netto) zuzüglich des Schatteneinkommens (netto) ergibt das effektive Einkommen (netto).

Dieses effektive Nettoeinkommen des Beamten wird dann hochgerechnet auf den Bruttobetrag, den ein Arbeitnehmer monatlich verdienen muss, um effektiv über das gleiche Nettoeinkommen verfügen zu können.

Das so ermittelte effektive Bruttoeinkommen wird anschließend dividiert durch das nominale Bruttoeinkommen (ohne Familienzuschlag). Es ergibt sich daraus ein Zuschlagfaktor. Dieser Faktor gibt an, um das Wievielfache das effektive Bruttoeinkommen des Beamten höher ist als seine offizielle (nominale) Besoldung.

Der Faktor beträgt in sämtlichen Besoldungsgruppen mindestens 1,7. Für den verheirateten Beamten ist er – aufgrund der Familienzuschläge – immer größer als für den ledigen. Der höchste Wert des Faktors wird in Besoldungsgruppe A2 für den verheirateten Beamten mit drei Kindern erreicht. Er beträgt in diesem Falle 2,4. Mit zunehmender Höhe der Besoldung nimmt die relative Bedeutung der Familienzuschläge jedoch ab.

Und dabei sind in den Berechnungen nicht einmal alle Privilegien berücksichtigt worden. So sind für die fehlende Beitragsbemessungsgrenze für die Pensionen, die bessere Hinterbliebenenversorgung und für die besonderen Altersgrenzen in einigen Beamtenberufen keine Zuschläge angesetzt worden. Ebenso wurde in allen Fällen, in denen keine Quantifizierung möglich war, auf einen Ansatz verzichtet. Und in allen Zweifelsfällen, in denen eine Bandbreite von Zuschlagsätzen möglich wäre, wurde zugunsten der Beamten der niedrigste Wert angesetzt.

Insgesamt stellen die gefundenen Faktoren deshalb nur Untergrenzen dar – die »wahren« Werte sind noch größer.

Im Einzelnen dargestellt werden nur die Berechnungen für die Besoldungsgruppe A. Für die Besoldungsgruppen B, W und R werden die Werte nur informatorisch angegeben.

Bundesbesoldungsordnung A

Gültig ab 1. März 2015

Besoldungs-gruppe	Grundgehalt (Monatsbeträge in Euro)							
	Stufe 1	Stufe 2	Stufe 3	Stufe 4	Stufe 5	Stufe 6	Stufe 7	Stufe 8
A 2	1 974,72	2 018,71	2 063,88	2 097,74	2 132,74	2 167,73	2 202,71	2 237,70
A 3	2 050,34	2 096,61	2 142,88	2 180,14	2 217,39	2 254,62	2 291,89	2 329,12
A 4	2 093,25	2 148,53	2 203,84	2 247,86	2 291,89	2 335,90	2 379,91	2 420,56
A 5	2 109,02	2 177,87	2 233,17	2 287,37	2 341,56	2 396,87	2 451,03	2 504,08
A 6	2 154,17	2 234,33	2 315,58	2 377,66	2 442,00	2 504,08	2 572,94	2 632,76
A 7	2 261,41	2 332,52	2 426,23	2 522,14	2 615,83	2 710,65	2 781,76	2 852,86
A 8	2 392,34	2 478,13	2 598,89	2 720,81	2 842,70	2 927,35	3 013,14	3 097,80
A 9	2 581,96	2 666,62	2 799,82	2 935,26	3 068,43	3 158,96	3 253,15	3 344,99
A 10	2 763,68	2 879,94	3 048,14	3 217,08	3 389,16	3 508,93	3 628,66	3 748,44
A 11	3 158,96	3 336,85	3 513,57	3 691,46	3 813,53	3 935,62	4 057,70	4 179,79
A 12	3 386,86	3 597,29	3 808,89	4 019,32	4 165,83	4 309,99	4 455,33	4 602,99
A 13	3 971,66	4 169,32	4 365,80	4 563,45	4 699,49	4 836,69	4 972,70	5 106,41
A 14	4 084,44	4 339,05	4 594,85	4 849,46	5 025,01	5 201,76	5 377,31	5 554,05
A 15	4 992,48	5 222,70	5 398,24	5 573,81	5 749,38	5 923,78	6 098,17	6 271,40
A 16	5 507,53	5 774,96	5 977,25	6 179,56	6 380,70	6 584,18	6 786,48	6 986,46

Die Schattentabellen

Einfacher Dienst

Besoldungsgruppe A1

Die Besoldungsgruppe A1 ist abgeschafft.

Besoldungsgruppe A2

In der Besoldungsgruppe A2 sind nur rd. 60 Beamte tätig. Die Besoldungsgruppe A2 ist damit faktisch ebenfalls abgeschafft.

Bildungsvoraussetzung für die Einstufung in A2 ist in der Regel ein Hauptschulabschluss und eine Berufsausbildung (Vorbereitungsdienst).

Typische Tätigkeiten, die in A2 eingruppiert sind, sind unter anderem:

> Aufseher
> Amtsgehilfe
> Oberbetriebsgehilfe
> Schaffner
> Wachtmeister

Um den Lebensstandard eines A2-Beamten zu erreichen, muss ein lediger Arbeitnehmer 4.570 € brutto monatlich verdienen; ein verheirateter mit drei Kindern 5.265 €.

Besoldungsgruppe A 2

			ledig €	verheiratet, 3 Kinder €
Grundbesoldung ohne Zulagen				
Nominal-Einkommen (brutto)	NEB ohne FZ		2.237	2.237
Familienzuschlag (brutto)			0	766
Nominal-Einkommen (brutto)	NEB incl. FZ		2.237	3.003
Krankenversicherung			-200	-336
Lohnsteuer			-308	-233
Nominal-Einkommen (netto)			1.729	2.434
Steuer auf Familienzuschlag			0	-172
Zusatzversicherungen			60	150
Steuerprogression		2,50%	56	75
Zahlungsweise		0,50%	9	12
Sterbegeld		0,27%	5	7
Steuern auf Sozialabgaben		2%	45	60
Berufsunfähigkeitsversicherung		5%	86	122
Arbeitslosigkeit		15%	259	365
Pension		20%	447	473
Schatten-Einkommen (netto)			967	1.091
Effektiv-Einkommen (netto)			2.696	3.525
Effektiv-Einkommen (brutto)	EEB		4.570	5.265
FAKTOR	EEB/NEB ohne FZ		**2,0**	**2,4**

Einfacher Dienst

Besoldungsgruppe A3

In der Besoldungsgruppe A3 sind rd. 2.200 Beamte tätig.

Das sind 0,1 % der bei den Gebietskörperschaften beschäftigten Beamten.

Bildungsvoraussetzung für die Einstufung in A3 ist in der Regel ein Hauptschulabschluss und eine Berufsausbildung (Vorbereitungsdienst).

Typische Tätigkeiten, die in A3 eingruppiert sind, sind unter anderem:

Oberaufseher
Oberamtsgehilfe
Hauptbetriebsgehilfe
Oberschaffner
Oberwachtmeister
Soldaten: Gefreiter, Grenadier, Matrose, Flieger

Um den Lebensstandard eines A3-Beamten zu erreichen, muss ein lediger Arbeitnehmer 4.770 € brutto monatlich verdienen; ein verheirateter mit drei Kindern 5.438 €.

DIE SCHATTENTABELLEN 167

Besoldungsgruppe A 3

			ledig €	verheiratet, 3 Kinder €
Grundbesoldung ohne Zulagen				
Nominal-Einkommen (brutto)	NEB ohne FZ		2.329	2.329
Familienzuschlag (brutto)			0	766
Nominal-Einkommen (brutto)	NEB incl. FZ		2.329	3.095
Krankenversicherung			-200	-336
Lohnsteuer			-335	-255
Nominal-Einkommen (netto)			1.794	2.504
Steuer auf Familienzuschlag			0	-177
Zusatzversicherungen			60	150
Steuerprogression		2,50%	58	77
Zahlungsweise		0,50%	9	13
Sterbegeld		0,27%	5	7
Steuern auf Sozialabgaben		2%	47	62
Berufsunfähigkeitsversicherung		5%	90	125
Arbeitslosigkeit		15%	269	376
Pension		20%	466	491
Schatten-Einkommen (netto)			1.003	1.124
Effektiv-Einkommen (netto)			2.797	3.628
Effektiv-Einkommen (brutto)	EEB		4.770	5.438
FAKTOR	EEB/NEB ohne FZ		**2,0**	**2,3**

Einfacher Dienst

Besoldungsgruppe A4

In der Besoldungsgruppe A4 sind rd. 16.000 Beamte tätig.

Das sind 0,9 % der bei den Gebietskörperschaften beschäftigten Beamten.

Bildungsvoraussetzung für die Einstufung in A4 ist in der Regel ein Hauptschulabschluss und eine Berufsausbildung (Vorbereitungsdienst).

Typische Tätigkeiten, die in A4 eingruppiert sind, sind unter anderem:

Hauptaufseher
Amtsmeister
Betriebsmeister
Hauptschaffner
Hauptwachtmeister
Triebwagenführer
Soldaten: Obergefreiter, Hauptgefreiter

Um den Lebensstandard eines A4-Beamten zu erreichen, muss ein lediger Arbeitnehmer 4.970 € brutto monatlich verdienen; ein verheirateter mit drei Kindern 5.592 €.

Die Schattentabellen

Besoldungsgruppe A 4

			ledig €	verheiratet, 3 Kinder €
Grundbesoldung ohne Zulagen				
Nominal-Einkommen (brutto)	NEB ohne FZ		2.420	2.420
Familienzuschlag (brutto)			0	756
Nominal-Einkommen (brutto)	NEB incl. FZ		2.420	3.176
Krankenversicherung			-200	-336
Lohnsteuer			-363	-276
Nominal-Einkommen (netto)			1.857	2.564
Steuer auf Familienzuschlag			0	-180
Zusatzversicherungen			60	150
Steuerprogression		2,50%	61	79
Zahlungsweise		0,50%	9	13
Sterbegeld		0,27%	5	7
Steuern auf Sozialabgaben		2%	48	64
Berufsunfähigkeitsversicherung		5%	93	128
Arbeitslosigkeit		15%	279	385
Pension		20%	484	509
Schatten-Einkommen (netto)	SEN		1.039	1.155
Effektiv-Einkommen (netto)	EEN		2.896	3.719
Effektiv-Einkommen (brutto)	EEB		4.970	5.592
FAKTOR	EEB/NEB ohne FZ		**2,1**	**2,3**

Einfacher Dienst / Mittler Dienst

Besoldungsgruppe A5 *(Verzahnungsamt)*

In der Besoldungsgruppe A5 sind rd. 29.000 Beamte tätig.

Das sind 1,6 % der bei den Gebietskörperschaften beschäftigten Beamten.

Bildungsvoraussetzung für die Einstufung in A5 ist in der Regel ein Hauptschulabschluss und eine Berufsausbildung (Vorbereitungsdienst).

Typische Tätigkeiten, die in A5 eingruppiert sind, sind unter anderem:

- Hauptaufseher
- Oberamtsmeister
- Oberbetriebsmeister
- Obertriebwagenführer
- Wachtmeister, Oberwachtmeister, Erster Hauptwachtmeister
- Assistent
- Soldaten: Stabsgefreiter, Unteroffizier, Maat, Seekadett, Fahnenjunker

Um den Lebensstandard eines A5-Beamten zu erreichen, muss ein lediger Arbeitnehmer 5.152 € brutto monatlich verdienen; ein verheirateter mit drei Kindern 5.730 €.

Besoldungsgruppe A 5

		ledig €	verheiratet, 3 Kinder €
Grundbesoldung ohne Zulagen			
Nominal-Einkommen (brutto) NEB ohne FZ		2.504	2.504
Familienzuschlag (brutto)		0	744
Nominal-Einkommen (brutto) NEB incl. FZ		2.504	3.248
Krankenversicherung		-200	-336
Lohnsteuer		-390	-294
Nominal-Einkommen (netto)		1.914	2.618
Steuer auf Familienzuschlag		0	-185
Zusatzversicherungen		60	150
Steuerprogression	2,50%	63	81
Zahlungsweise	0,50%	10	13
Sterbegeld	0,27%	5	7
Steuern auf Sozialabgaben	2%	50	65
Berufsunfähigkeitsversicherui	5%	96	131
Arbeitslosigkeit	15%	287	393
Pension	20%	501	526
Schatten-Einkommen (netto) SEN		1.071	1.181
Effektiv-Einkommen (netto) EEN		2.985	3.799
Effektiv-Einkommen (brutto) EEB		5.152	5.730
FAKTOR	EEB/NEB ohne FZ	2,1	2,3

Mittlerer Dienst

Besoldungsgruppe A6

In der Besoldungsgruppe A6 sind rd. 33.000 Beamte tätig.

Das sind 1,8 % der bei den Gebietskörperschaften beschäftigten Beamten.

Bildungsvoraussetzung für die Einstufung in A6 ist in der Regel ein Realschulabschluss und eine Berufsausbildung (Vorbereitungsdienst).

Typische Tätigkeiten, die in A6 eingruppiert sind, sind unter anderem:

    Sekretär (als Eingangsamt)
    Lokomotivführer (als Eingangsamt)
    Werkmeister (als Eingangsamt)
    Kirchenbeamte: Kirchensekretär
    Soldaten: Stabsunteroffizier, Obermaat

Um den Lebensstandard eines A6-Beamten zu erreichen, muss ein lediger Arbeitnehmer 5.438 € brutto monatlich verdienen; ein verheirateter mit drei Kindern 5.936 €.

Besoldungsgruppe A 6

		ledig €	verheiratet, 3 Kinder €
Grundbesoldung ohne Zulagen			
Nominal-Einkommen (brutto) NEB ohne FZ		2.632	2.632
Familienzuschlag (brutto)		0	707
Nominal-Einkommen (brutto) NEB incl. FZ		2.632	3.339
Krankenversicherung		-200	-336
Lohnsteuer		-431	-318
Nominal-Einkommen (netto)		2.001	2.685
Steuer auf Familienzuschlag		0	-175
Zusatzversicherungen		60	150
Steuerprogression	2,50%	66	83
Zahlungsweise	0,50%	10	13
Sterbegeld	0,27%	5	7
Steuern auf Sozialabgaben	2%	53	67
Berufsunfähigkeitsversicherun	5%	100	134
Arbeitslosigkeit	15%	300	403
Pension	20%	526	552
Schatten-Einkommen (netto)		1.120	1.235
Effektiv-Einkommen (netto)		3.121	3.920
Effektiv-Einkommen (brutto)	EEB	5.438	5.936
FAKTOR	EEB/NEB ohne FZ	2,1	2,3

Mittlerer Dienst

Besoldungsgruppe A7

In der Besoldungsgruppe A7 sind rd. 102.000 Beamte tätig.

Das sind 5,5 % der bei den Gebietskörperschaften beschäftigten Beamten.

Bildungsvoraussetzung für die Einstufung in A7 ist in der Regel ein Realschulabschluss und eine Berufsausbildung (Vorbereitungsdienst).

Typische Tätigkeiten, die in A7 eingruppiert sind, sind unter anderem:

Brandmeister (als Eingangsamt)
Polizeimeister
Kriminalmeister
Obersekretär
Oberlokomotivführer
Oberwerkmeister
Krankenpfleger, Krankenschwester (als Eingangsamt)
Kirchenbeamte: Kirchenobersekretär
Soldaten: Feldwebel, Bootsmann, Fähnrich, Obermaat

Um den Lebensstandard eines A7-Beamten zu erreichen, muss ein lediger Arbeitnehmer 5.928 € brutto monatlich verdienen; ein verheirateter mit drei Kindern 6.342 €.

Besoldungsgruppe A 7

			ledig €	verheiratet, 3 Kinder €
Grundbesoldung ohne Zulagen				
Nominal-Einkommen (brutto)	NEB ohne FZ		2.852	2.852
Familienzuschlag (brutto)			0	707
Nominal-Einkommen (brutto)	NEB incl. FZ		2.852	3.559
Krankenversicherung			-200	-336
Lohnsteuer			-503	-375
Nominal-Einkommen (netto)			2.149	2.848
Steuer auf Familienzuschlag			0	-179
Zusatzversicherungen			60	150
Steuerprogression		2,50%	71	89
Zahlungsweise		0,50%	11	14
Sterbegeld		0,27%	6	8
Steuern auf Sozialabgaben		2%	57	71
Berufsunfähigkeitsversicherung		5%	107	142
Arbeitslosigkeit		15%	322	427
Pension		20%	570	596
Schatten-Einkommen (netto)			1.205	1.318
Effektiv-Einkommen (netto)			3.354	4.166
Effektiv-Einkommen (brutto)	EEB		5.928	6.342
FAKTOR	EEB/NEB ohne FZ		2,1	2,2

Mittlerer Dienst

Besoldungsgruppe A8

In der Besoldungsgruppe A8 sind rd. 150.000 Beamte tätig.

Das sind 8,1 % der bei den Gebietskörperschaften beschäftigten Beamten.

Bildungsvoraussetzung für die Einstufung in A8 ist in der Regel ein Realschulabschluss und eine Berufsausbildung (Vorbereitungsdienst).

Typische Tätigkeiten, die in A8 eingruppiert sind, sind unter anderem:

Oberbrandmeister
Polizeiobermeister
Kriminalobermeister
Hauptsekretär
Hauptlokomotivführer
Hauptwerkmeister
Abteilungspfleger, -schwester
Gerichtsvollzieher (als Eingangsamt)
Kirchenbeamte: Kirchenhauptsekretär, Kircheninspektor, Kirchenoberinspektor
Soldaten: Hauptfeldwebel, Hauptbootsmann, Oberfähnrich

Um den Lebensstandard eines A8-Beamten zu erreichen, muss ein lediger Arbeitnehmer 6.428 € brutto monatlich verdienen; ein verheirateter mit drei Kindern 6.760 €.

Besoldungsgruppe A 8

			ledig €	verheiratet, 3 Kinder €
Grundbesoldung ohne Zulagen				
Nominal-Einkommen (brutto)	NEB ohne FZ		3.097	3.097
Familienzuschlag (brutto)			0	707
Nominal-Einkommen (brutto)	NEB incl. FZ		3.097	3.804
Krankenversicherung			-200	-336
Lohnsteuer			-586	-440
Nominal-Einkommen (netto)			2.311	3.028
Steuer auf Familienzuschlag			0	-184
Zusatzversicherungen			60	150
Steuerprogression		2,50%	77	95
Zahlungsweise		0,50%	12	15
Sterbegeld		0,27%	6	8
Steuern auf Sozialabgaben		2%	62	76
Berufsunfähigkeitsversicherung		5%	116	151
Arbeitslosigkeit		15%	347	454
Pension		20%	619	645
Schatten-Einkommen (netto)	SEN		1.299	1.411
Effektiv-Einkommen (netto)	EEN		3.610	4.439
Effektiv-Einkommen (brutto)	EEB		6.428	6.760
FAKTOR	EEB/NEB ohne FZ		2,1	2,2

Mittlerer Dienst / Gehobener Dienst

Besoldungsgruppe A9 *(Verzahnungsamt)*

In der Besoldungsgruppe A9 sind rd. 220.000 Beamte tätig. Das sind 11,9 % der bei den Gebietskörperschaften beschäftigten Beamten.

Bildungsvoraussetzung für die Einstufung in A9 ist in der Regel das Abitur und ein Vorbereitungsdienst.

Typische Tätigkeiten, die in A9 eingruppiert sind, sind unter anderem:

Aufseher
Kapitän
Obergerichtsvollzieher
Polizeikommissar, Kriminalkommissar
Polizeihauptmeister, Kriminalhauptmeister
Kirchenbeamte: Kircheninspektor, Diakon, Kantor
Soldaten: Leutnant, Stabsfeldwebel, Stabsbootmann, Oberstabsfeldwebel, Oberstabsbootmann

Um den Lebensstandard eines A9-Beamten zu erreichen, muss ein lediger Arbeitnehmer 6.880 € brutto monatlich verdienen; ein verheirateter mit drei Kindern 7.194 €.

Besoldungsgruppe A 9

			ledig €	verheiratet, 3 Kinder €
Grundbesoldung ohne Zulagen				
Nominal-Einkommen (brutto)	NEB ohne FZ		3.344	3.344
Familienzuschlag (brutto)			0	713
Nominal-Einkommen (brutto)	NEB incl. FZ		3.344	4.057
Krankenversicherung			-200	-336
Lohnsteuer			-674	-509
Nominal-Einkommen (netto)			2.470	3.212
Steuer auf Familienzuschlag			0	-190
Zusatzversicherungen			60	150
Steuerprogression		2,50%	84	101
Zahlungsweise		0,50%	12	16
Sterbegeld		0,27%	7	9
Steuern auf Sozialabgaben		2%	67	81
Berufsunfähigkeitsversicherung		5%	124	161
Arbeitslosigkeit		15%	371	482
Pension		20%	669	695
Schatten-Einkommen (netto)			1.392	1.505
Effektiv-Einkommen (netto)			3.862	4.717
Effektiv-Einkommen (brutto)	EEB		6.880	7.194
FAKTOR	EEB/NEB ohne FZ		**2,1**	**2,2**

Gehobener Dienst

Besoldungsgruppe A10

In der Besoldungsgruppe A10 sind rd. 140.000 Beamte tätig.

Das sind 7,6 % der bei den Gebietskörperschaften beschäftigten Beamten.

Bildungsvoraussetzung für die Einstufung in A10 ist in der Regel das Abitur und ein Vorbereitungsdienst.

Typische Tätigkeiten, die in A10 eingruppiert sind, sind unter anderem:

Kriminaloberkommissar, Polizeioberkommissar
Oberinspektor
Seekapitän
Kirchenbeamte: Kirchenoberinspektor, Diakon, Kantor
Soldaten: Oberleutnant

Um den Lebensstandard eines A10-Beamten zu erreichen, muss ein lediger Arbeitnehmer 7.607 € brutto monatlich verdienen; ein verheirateter mit drei Kindern 7.906 €.

Besoldungsgruppe A 10

		ledig €	verheiratet, 3 Kinder €
Grundbesoldung ohne Zulagen			
Nominal-Einkommen (brutto)	NEB ohne FZ	3.748	3.748
Familienzuschlag (brutto)		0	713
Nominal-Einkommen (brutto)	NEB incl. FZ	3.748	4.461
Krankenversicherung		-200	-336
Lohnsteuer		-825	-622
Nominal-Einkommen (netto)		2.723	3.503
Steuer auf Familienzuschlag		0	-197
Zusatzversicherungen		60	150
Steuerprogression	2,50%	94	112
Zahlungsweise	0,50%	14	18
Sterbegeld	0,27%	7	9
Steuern auf Sozialabgaben	2%	75	89
Berufsunfähigkeitsversicherung	5%	136	175
Arbeitslosigkeit	15%	408	525
Pension	20%	750	776
Schatten-Einkommen (netto)		1.544	1.658
Effektiv-Einkommen (netto)		4.267	5.161
Effektiv-Einkommen (brutto)	EEB	7.607	7.906
FAKTOR	EEB/NEB ohne FZ	**2,0**	**2,1**

Gehobener Dienst

Besoldungsgruppe A11

In der Besoldungsgruppe A11 sind rd. 170.000 Beamte tätig.

Das sind 9,2 % der bei den Gebietskörperschaften beschäftigten Beamten.

Bildungsvoraussetzung für die Einstufung in A11 ist in der Regel das Abitur und ein Vorbereitungsdienst.

Typische Tätigkeiten, die in A11 eingruppiert sind, sind unter anderem:

Amtmann
Kriminalhauptkommissar, Polizeihauptkommissar
Seeoberkapitän
Fachlehrer
Kanzler
Kirchenbeamte: Kirchenamtmann, Diakon, Kantor
Soldaten: Hauptmann, Kapitänleutnant

Um den Lebensstandard eines A11-Beamten zu erreichen, muss ein lediger Arbeitnehmer 8.358 € brutto monatlich verdienen; ein verheirateter mit drei Kindern 8.865 €.

Besoldungsgruppe A 11

			ledig €	verheiratet, 3 Kinder €
Grundbesoldung ohne Zulagen				
Nominal-Einkommen (brutto)	NEB ohne FZ		4.179	4.179
Familienzuschlag (brutto)			0	713
Nominal-Einkommen (brutto)	NEB incl. FZ		4.179	4.892
Krankenversicherung			-200	-336
Lohnsteuer			-997	-763
Nominal-Einkommen (netto)			2.982	3.793
Steuer auf Familienzuschlag			0	-220
Zusatzversicherungen			60	150
Steuerprogression		2,50%	104	122
Zahlungsweise		0,50%	15	19
Sterbegeld		0,27%	8	10
Steuern auf Sozialabgaben		2%	84	98
Berufsunfähigkeitsversicherung		5%	149	190
Arbeitslosigkeit		15%	447	569
Pension		20%	836	1.005
Schatten-Einkommen (netto)			1.703	1.943
Effektiv-Einkommen (netto)			4.685	5.736
Effektiv-Einkommen (brutto)	EEB		8.358	8.865
FAKTOR	EEB/NEB ohne FZ		2,0	2,1

Gehobener Dienst

Besoldungsgruppe A12

In der Besoldungsgruppe A12 sind rd. 290.000 Beamte tätig.

Das sind 15,7 % der bei den Gebietskörperschaften beschäftigten Beamten.

Bildungsvoraussetzung für die Einstufung in A12 ist in der Regel das Abitur und ein Vorbereitungsdienst.

Typische Tätigkeiten, die in A12 eingruppiert sind, sind unter anderem:

Amtsanwalt
Amtsrat, Rechnungsrat
Kanzler erster Klasse
Kriminalhauptkommissar, Polizeihauptkommissar
Seehauptkapitän
Fachlehrer, Konrektor, Lehrer
Kirchenbeamte: Kirchenamtsrat, Diakon, Kantor
Soldaten: Hauptmann, Kapitänleutnant

Um den Lebensstandard eines A12-Beamten zu erreichen, muss ein lediger Arbeitnehmer 9.076 € brutto monatlich verdienen; ein verheirateter mit drei Kindern 9.380 €.

Besoldungsgruppe A 12

		ledig €	verheiratet, 3 Kinder €
Grundbesoldung ohne Zulagen			
Nominal-Einkommen (brutto)	NEB ohne FZ	4.602	4.602
Familienzuschlag (brutto)		0	713
Nominal-Einkommen (brutto)	NEB incl. FZ	4.602	5.315
Krankenversicherung		-200	-336
Lohnsteuer		-1.175	-898
Nominal-Einkommen (netto)		3.227	4.081
Steuer auf Familienzuschlag		0	-231
Zusatzversicherungen		60	150
Steuerprogression	2,50%	115	133
Zahlungsweise	0,50%	16	20
Sterbegeld	0,27%	9	11
Steuern auf Sozialabgaben	2%	92	106
Berufsunfähigkeitsversicherung	5%	161	204
Arbeitslosigkeit	15%	484	612
Pension	20%	920	947
Schatten-Einkommen (netto)		1.858	1.953
Effektiv-Einkommen (netto)		5.085	6.034
Effektiv-Einkommen (brutto)	EEB	9.076	9.380
FAKTOR	EEB/NEB ohne FZ	2,0	2,0

Gehobener Dienst / Höherer Dienst

Besoldungsgruppe A13 (Verzahnungsamt)

In der Besoldungsgruppe A13 sind rd. 320.000 Beamte tätig.

Das sind 17,3 % der bei den Gebietskörperschaften beschäftigten Beamten.

Bildungsvoraussetzung für die Einstufung in A13 ist in der Regel ein Hochschulstudium und ein Vorbereitungsdienst.

Typische Tätigkeiten, die in A13 eingruppiert sind, sind unter anderem:

Oberamtsanwalt
Studienrat, Oberrechnungsrat, Akademischer Rat, Regierungsrat
Oberamtsrat, Kriminalrat, Polizeirat
Erster Kriminalhauptkommissar, Erster Polizeihauptkommissar
Seehauptkapitän
Fachschuloberlehrer, Hauptlehrer, Realschullehrer
Arzt
Kirchenbeamte: Pfarrer, Kirchenrat, -verwaltungsrat, Dozent, Kirchenmusikdirektor, -verwaltungsdirektor
Soldaten: Stabshauptmann, Stabskapitänleutnant, Stabsarzt, -apotheker, Major

Um den Lebensstandard eines A13-Beamten zu erreichen, muss ein lediger Arbeitnehmer 9.910 € brutto monatlich verdienen; ein verheirateter mit drei Kindern 10.315 €.

Besoldungsgruppe A 13

			ledig €	verheiratet, 3 Kinder €
Grundbesoldung ohne Zulagen				
Nominal-Einkommen (brutto)	NEB ohne FZ		5.106	5.106
Familienzuschlag (brutto)			0	713
Nominal-Einkommen (brutto)	NEB incl. FZ		5.106	5.819
Krankenversicherung			-200	-336
Lohnsteuer			-1.398	-1.065
Nominal-Einkommen (netto)			3.508	4.418
Steuer auf Familienzuschlag			0	-235
Zusatzversicherungen			60	150
Steuerprogression		2,50%	128	145
Zahlungsweise		0,50%	18	22
Sterbegeld		0,27%	9	12
Steuern auf Sozialabgaben		2%	102	116
Berufsunfähigkeitsversicherung		5%	175	221
Arbeitslosigkeit		15%	526	663
Pension		20%	1.021	1.048
Schatten-Einkommen (netto)			2.040	2.142
Effektiv-Einkommen (netto)			5.548	6.560
Effektiv-Einkommen (brutto)	EEB		9.910	10.315
FAKTOR	EEB/NEB ohne FZ		1,9	2,0

Höherer Dienst

Besoldungsgruppe A14

In der Besoldungsgruppe A14 sind rd. 125.000 Beamte tätig.

Das sind 6,8 % der bei den Gebietskörperschaften beschäftigten Beamten.

Bildungsvoraussetzung für die Einstufung in A14 ist in der Regel ein Hochschulstudium und ein Vorbereitungsdienst.

Typische Tätigkeiten, die in A14 eingruppiert sind, sind unter anderem:

Oberstudienrat
Oberstaatsanwalt
Oberrat
Oberarzt
Kriminaloberrat, Polizeioberrat
Realschulkonrektor
Schulrat
Fachschuloberlehrer
Kirchenbeamte: Oberkirchenrat, Pfarrer (nach 14 Jahren in A13), Kirchenverwaltungsoberrat, Kantor, Kirchenmusikdirektor, -verwaltungsdirektor
Soldaten: Oberstleutnant, Oberstabsarzt, -apotheker, Fregattenkapitän

Um den Lebensstandard eines A14-Beamten zu erreichen, muss ein lediger Arbeitnehmer 10.648 € brutto monatlich verdienen; ein verheirateter mit drei Kindern 11.130 €.

Besoldungsgruppe A 14

			ledig €	verheiratet, 3 Kinder €
Grundbesoldung ohne Zulagen				
Nominal-Einkommen (brutto)	NEB ohne FZ		5.554	5.554
Familienzuschlag (brutto)			0	713
Nominal-Einkommen (brutto)	NEB incl. FZ		5.554	6.267
Krankenversicherung			-200	-336
Lohnsteuer			-1.596	-1.220
Nominal-Einkommen (netto)			3.758	4.711
Steuer auf Familienzuschlag			0	-244
Zusatzversicherungen			60	150
Steuerprogression		2,50%	139	157
Zahlungsweise		0,50%	19	24
Sterbegeld		0,27%	10	13
Steuern auf Sozialabgaben		2% max. BBG	111	124
Berufsunfähigkeitsversicherung		5%	188	236
Arbeitslosigkeit		15%	564	707
Pension		20%	1.111	1.137
Schatten-Einkommen (netto)			2.201	2.303
Effektiv-Einkommen (netto)			5.959	7.014
Effektiv-Einkommen (brutto)	EEB		10.648	11.130
FAKTOR	EEB/NEB ohne FZ		1,9	2,0

Höherer Dienst

Besoldungsgruppe A15

In der Besoldungsgruppe A15 sind rd. 60.000 Beamte tätig.

Das sind 3,2 % der bei den Gebietskörperschaften beschäftigten Beamten.

Bildungsvoraussetzung für die Einstufung in A15 ist in der Regel ein Hochschulstudium und ein Vorbereitungsdienst.

Typische Tätigkeiten, die in A15 eingruppiert sind, sind unter anderem:

> Studiendirektor, Akademischer Direktor,
> Oberstaatsanwalt
> Regierungsdirektor, Bibliotheksdirektor
> Polizeidirektor, Realschulrektor
> Kirchenbeamte: Oberkirchenrat, Kirchenmusikdirektor, -verwaltungsdirektor
> Soldaten: Oberstleutnant, Fregattenkapitän, Oberfeldarzt, -apotheker, Flottillenarzt, -apotheker

Um den Lebensstandard eines A15-Beamten zu erreichen, muss ein lediger Arbeitnehmer 11.824 € brutto monatlich verdienen; ein verheirateter mit drei Kindern 12.386 €.

Besoldungsgruppe A 15

		ledig €	verh., 3 Kinder €
Grundbesoldung ohne Zulagen			
Nominal-Einkommen (brutto)	NEB ohne FZ	6.271	6.271
Familienzuschlag (brutto)		0	713
Nominal-Einkommen (brutto)	NEB incl. FZ	6.271	6.984
Krankenversicherung		-200	-336
Lohnsteuer		-1.914	-1.479
Nominal-Einkommen (netto)		4.157	5.169
Steuer auf Familienzuschlag		0	-258
Zusatzversicherungen		60	150
Steuerprogression	2,50%	157	175
Zahlungsweise	0,50%	21	26
Sterbegeld	0,27%	11	14
Steuern auf Sozialabgaben	2% max. BBG	124	124
Berufsunfähigkeitsversicherung	5%	208	258
Arbeitslosigkeit	15%	624	775
Pension	20%	1.254	1.281
Schatten-Einkommen (netto)		2.458	2.545
Effektiv-Einkommen (netto)		6.615	7.714
Effektiv-Einkommen (brutto)	EEB	11.824	12.386
FAKTOR	EEB/NEB ohne FZ	1,9	2,0

Höherer Dienst

Besoldungsgruppe A16

In der Besoldungsgruppe A16 sind rd. 16.000 Beamte tätig.

Das sind 0,9 % der bei den Gebietskörperschaften beschäftigten Beamten.

Bildungsvoraussetzung für die Einstufung in A16 ist in der Regel ein Hochschulstudium und ein Vorbereitungsdienst.

Typische Tätigkeiten, die in A16 eingruppiert sind, sind unter anderem:

Oberstudiendirektor
Oberstaatsanwalt
Oberkirchenrat
Leitender Regierungsdirektor, Leitender Bibliotheksdirektor
Leitender Kriminaldirektor, Leitender Polizeidirektor
Dekan, Leitender Akademischer Direktor
Leitender Schulamtsdirektor
Kirchenbeamte: Oberkirchenrat
Soldaten: Oberst, Kapitän zur See, Oberstabsarzt, -apotheker, Flottenarzt, -apotheker

Um den Lebensstandard eines A16-Beamten zu erreichen, muss ein lediger Arbeitnehmer 12.976 € brutto monatlich verdienen; ein verheirateter mit drei Kindern 13.604 €.

DIE SCHATTENTABELLEN 193

Besoldungsgruppe A 16

			ledig €	verh., 3 Kinder €
Grundbesoldung ohne Zulagen				
Nominal-Einkommen (brutto)	NEB ohne FZ		6.986	6.986
Familienzuschlag (brutto)			0	713
Nominal-Einkommen (brutto)	NEB incl. FZ		6.986	7.699
Krankenversicherung			-200	-336
Lohnsteuer			-2.231	-1.753
Nominal-Einkommen (netto)			4.555	5.610
Steuer auf Familienzuschlag			0	-273
Zusatzversicherungen			60	150
Steuerprogression		2,50%	175	192
Zahlungsweise		0,50%	23	28
Sterbegeld		0,27%	12	15
Steuern auf Sozialabgaben		2% max. BBG	124	124
Berufsunfähigkeitsversicherung		5%	228	281
Arbeitslosigkeit		15%	683	842
Pension		20%	1.397	1.424
Schatten-Einkommen (netto)			2.702	2.782
Effektiv-Einkommen (netto)			7.257	8.392
Effektiv-Einkommen (brutto)	EEB		12.976	13.604
FAKTOR	EEB/NEB ohne FZ		**1,9**	**1,9**

Schattentabelle B-Besoldung

Amtsbezeichnung (Beispiel)		Nominal (brutto) €	Ledig Effektiv (brutto) €	Faktor	Verheiratet, drei Kinder Effektiv (brutto) €	Faktor
B 1	Direktor	6.271	11.824	1,9	12.378	2,0
B 2	Ministerialrat	7.285	13.460	1,8	14.095	1,9
B 3	Botschafter	7.714	14.150	1,8	14.804	1,9
B 4	Leitender Ministerialrat	8.163	14.875	1,8	15.536	1,9
B 5	Generaldirektor	8.678	15.704	1,8	16.360	1,9
B 6	Ministerialdirigent	9.167	16.494	1,8	17.136	1,9
B 7	Oberfinanzpräsident	9.639	17.254	1,8	17.898	1,9
B 8	Regierungspräsident	10.133	18.050	1,8	18.692	1,8
B 9	Ministerialdirektor	10.746	19.036	1,8	19.688	1,8
B 10	Bundestagsdirektor	12.649	22.106	1,7	22.690	1,8
B 11	Staatssekretär	13.141	22.946	1,7	23.540	1,8

Schattentabelle W-Besoldung

Amtsbezeichnung (Beispiel)		Nominal (brutto) €	Ledig Effektiv (brutto) €	Faktor	Verheiratet, drei Kinder Effektiv (brutto) €	Faktor
W 1	Juniorprofessor	4.364	8.675	2,0	8.942	2,0
W 2	Professor	5.741	10.954	1,9	11.452	2,0
W 3	Professor (Lehrstuhlinhaber)	6.485	12.168	1,9	12.744	2,0

Schattentabelle R-Besoldung

Amtsbezeichnung (Beispiel)		Nominal (brutto) €	Ledig Effektiv (brutto) €	Faktor	Verheiratet, drei Kinder Effektiv (brutto) €	Faktor
R 1	Richter am Amtsgericht	6.434	12.086	1,9	12.658	2,0
R 2	Direktor des Amtsgerichts	7.014	13.024	1,9	13.644	1,9
R 3	Präsident des Amtsgerichts	7.714	14.150	1,8	14.808	1,9
R 4	Vizepräsident des OLG	8.163	14.875	1,8	15.535	1,9
R 5	Präsident des OLG	8.678	15.704	1,8	16.358	1,9
R 6	Richter am BGH	9.167	16.492	1,8	17.135	1,9
R 7	Bundesanwalt beim BGH	9.639	17.254	1,8	17.898	1,9
R 8	Vorsitzender Richter am BGH	10.133	18.050	1,8	18.692	1,8
R 9	Generalbundesanwalt beim BGH	10.746	19.036	1,8	19.682	1,8
R 10	Präsident des BGH	13.193	23.038	1,7	23.624	1,8

Was verdienen die Deutschen?

Ein vollzeitbeschäftigter Arbeitnehmer in Westdeutschland hat im Jahre 2014 durchschnittlich 48.425 € verdient (ohne Berücksichtigung von Auszubildenden), einschließlich aller Sonderzahlungen wie Weihnachts- oder Urlaubsgeld. Verteilt auf zwölf Monate sind das 4.035 € brutto im Monat. Für einen ledigen Arbeitnehmer ohne Kinder in Steuerklasse I bedeutet das ein durchschnittliches Nettoeinkommen in Höhe von 2.428 €. Für einen verheirateten Arbeitnehmer mit drei Kindern beträgt das durchschnittliche Nettoeinkommen in Steuerklasse III 2.784 €.

Der ledige Beamte verdient netto in Besoldungsstufe A8 (nach Krankenversicherung) 2.311 € und in Besoldungsstufe A9 2.470 €. Bezogen auf den nominalen Nettoverdienst ist ein durchschnittlicher Arbeitnehmer demnach anzusiedeln wie ein Beamter in Stufe A8 bis A9.

82 % aller Beamten sind jedoch in der Besoldungsstufe A9 oder höher eingestuft. Sie verdienen bereits nominal netto mehr als der ledige Durchschnittsarbeitnehmer.

Der verheiratete Beamte mit drei Kindern verdient netto in Besoldungsstufe A7 (nach Krankenversicherung) 2.848 €. Hier wirken sich insbesondere die Familienzuschläge aus. Der durchschnittlich verdienende verheiratete Arbeitnehmer mit drei Kindern ist demnach anzusiedeln wie ein Beamter in Stufe A7, bezogen auf den nominalen Nettoverdienst nach Krankenversicherung.

In der Besoldungsstufe A7 oder höher sind jedoch 95 % aller Beamten eingestuft. Sie verdienen bereits nominal netto mehr als der verheiratete Durchschnittsarbeitnehmer mit drei Kindern.

Werden dagegen in den Vergleich außer der Krankenversicherung und dem Familienzuschlag auch sämtliche weiteren Alimentationsleistungen einbezogen, ergibt sich folgendes Bild:

Selbst in der niedrigsten Besoldungsstufe A2 verdient der ledige Beamte effektiv netto 2.696 €, der verheiratete Beamte mit drei Kindern 3.525 €. Das sind 268 € bzw. 741 € mehr, als der durchschnittliche Arbeitnehmer netto verdient. Die Besoldungsstufe A2 gibt es praktisch aber gar nicht mehr.

Das bedeutet, dass – unter Einbeziehung der Privilegien – 100 % der Beamten effektiv wesentlich mehr verdienen als der durchschnittlich verdienende Arbeitnehmer. Auf Besoldungsstufe A2 beträgt der Einkommensvorteil gegenüber dem Durchschnittsarbeitnehmer für einen Ledigen 11 %, für den verheirateten mit drei Kindern gar 27 %.

Deutlich wird aus den Zahlen insbesondere die fatale Wirkung der Familienzuschläge, die zu einer völligen Verzerrung der Einkommensverhältnisse zwischen Arbeitnehmern und Beamten gerade im Bereich der unterdurchschnittlichen Einkommen führen.

Doch auch bei den Ledigen sind bereits nominal vier Fünftel der Beamten bessergestellt als der durchschnittliche Arbeitnehmer.

Effektiv, unter Berücksichtigung aller Alimentationsleistungen, ist ein Vergleich kaum mehr möglich. Selbst Beamte auf der niedrigsten Hierarchiestufe sind finanziell deutlich bessergestellt als durchschnittliche Arbeitnehmer.

Sind Beamte kostengünstiger als Arbeitnehmer?

Für die Beschäftigung von Beamten statt von Arbeitnehmern aus Kostengründen spricht zunächst einmal, dass keine Sozialabgaben anfallen. Der Arbeitnehmer, der 3.000 € brutto verdient, kostet den Arbeitgeber zusätzlich 20 % Arbeitgeberanteil an den Sozialabgaben, das sind dann insgesamt 3.600 €. Der Arbeitnehmer hat, vor Einkommensteuern, 2.400 €, da auch er 20 % an die Sozialkassen abführen muss. Der vergleichbare Beamte verdient (zumindest theoretisch) von Anfang an nur 2.400 €. Er ist um 1.200 € kostengünstiger als der Arbeitnehmer.

Andererseits erhalten Beamte Alimentationsleistungen, die in ihrem nominalen Einkommen gar nicht ausgewiesen werden, eben das Schatteneinkommen.

Die Antwort auf die Frage, ob Beamte oder Arbeitnehmer billiger sind, ergibt sich deshalb aus dem Vergleich der Alimentationsleistungen mit den eingesparten Sozialabgaben.

Allerdings ist es schon fraglich, ob die Sozialabgaben tatsächlich als Einsparung zu bewerten sind. Denn die Frage, ob der Staat wirklich etwas »spart«, kann nur redlich beantwortet werden, wenn alle Teilhaushalte des Staates insgesamt betrachtet werden. Das heißt, in die Betrachtung einbezogen werden müssen auch die Haushalte der einzelnen Zweige der Sozialversicherung. Und dann erkennt man, dass der Staat insgesamt durch die Beschäftigung von Beamten überhaupt nichts einspart. Denn das Geld, das Bund, Länder und Gemeinden »sparen«, fehlt in den Kassen der Rentenversicherung, der Krankenversicherungen und der Arbeitslosenversicherung. Bei der Behauptung, durch die Beschäftigung von Beamten anstatt von Angestellten werde Geld gespart, handelt es sich eigentlich um einen Taschenspielertrick. Man spart ja auch nichts, wenn man mit der Kreditkarte bezahlt statt in bar. Man lügt sich nur selbst in die Tasche. Das Geld, das auf der einen Seite »gespart« wird, fehlt auf der anderen Seite.

Unabhängige Studien, etwa von der Unternehmensberatung Roland Berger oder die von der »Bull-Kommission« erstellte NRW-Studie, kommen zu dem Ergebnis, dass die Beschäftigung von Beamten teurer ist als die von Arbeitnehmern. Solche Studien gelangen jedoch kaum in die öffentliche Diskussion.

In einer Studie aus dem Jahr 1996 vergleicht der Bundesrechnungshof Beamte mit Arbeitnehmern des öffentlichen Dienstes (Quasibeamten). Auch diese Studie blieb von der Öffentlichkeit unbemerkt. Der Bundesrechnungshof kommt in ihr zunächst zu dem Ergebnis, dass Beamte teurer sind als Arbeitnehmer, und zwar je nach Geschlecht und Dienstgrad um bis zu 30 %.

Der Bundesrechnungshof wendet dann aber einen Kniff an, mit dessen Hilfe sich das Ergebnis umdreht: Zugunsten der Beamten wird ein Zinseffekt berücksichtigt. Die Pensionen sollen sich danach zum Teil von selbst finanzieren, weil für die aktiven Beamten keine Sozialabgaben bezahlt werden. Und aus den Zinsen für das gesparte Geld können später zum Teil die Pensionen bezahlt werden. Unter Berücksichtigung dieser Zinsen sind dann Beamte plötzlich billiger als Arbeitnehmer, und zwar je nach Geschlecht und Dienstgrad um bis zu 12 %.

Tatsächlich kann dieses Zinseffekt-Argument jedoch nicht überzeugen, und zwar aus zwei Gründen:

Erstens wird tatsächlich kein Geld gespart. Denn das Geld, das Bund, Länder und Gemeinden zunächst nicht ausgeben, fehlt den Sozialversicherungsträgern und der Arbeitsagentur. Den Zinsgewinnen der Gebietskörperschaften stehen entsprechende Zinsverluste der Sozialkassen gegenüber. Per Saldo gibt es keinen Zinseffekt.

Und zweitens werden sowohl Renten als auch Pensionen nach dem Umlageverfahren bezahlt. Sobald die »erste Generation« der Arbeitnehmer bzw. Beamten sich im Ruhestand befindet, gibt es keine Unterschiede mehr hinsichtlich der Zahlungsflüsse. Ein Zinsvorteil für Beamte kann sich – wenn überhaupt – deshalb nur für die »erste Generation« ergeben.

Doch in dieser »ersten Generation« fallen für Arbeitnehmer nach dem Umlageverfahren ja ebenfalls keine Rentenbeiträge an, denn es ist ja noch keine Vorgängergeneration zu versorgen.

Diese Erwägungen sind recht abstrakt. Das Ergebnis ist jedoch eindeutig: Es ist unzulässig, bei einem Vergleich von Beamten mit Arbeitnehmern Zinseffekte zu berücksichtigen.

Der Bundesrechnungshof kommt also, wenn man die Studie richtig würdigt, zu dem Ergebnis, dass Beamte teurer sind als Angestellte – und das selbst bei einem Vergleich von Beamten mit Quasibeamten, die eine fast beamtenähnliche Altersversorgung erhalten. Ein Vergleich mit Arbeitnehmern in der freien Wirtschaft würde noch wesentlich deutlicher ausfallen.

Die angeblich eingesparten Sozialabgaben werden – wie auch die Berechnungen in den Schattentabellen zeigen – durch die Alimentationsleistungen bei weitem überkompensiert. Und deshalb sind Beamte nicht kostengünstiger als Arbeitnehmer. Aufgrund ihrer üppigen Alimentation, des Schatteneinkommens, sind sie sogar eindeutig teurer.

Qualifikationsvergleich

Nominaler Einkommensrückstand von Beamten?

Das Gesamteinkommen von Beamten ist effektiv mehr als doppelt so hoch wie der Betrag, der nominal in der Besoldungstabelle ausgewiesen wird. Aber ist das hohe Schatteneinkommen der Beamten möglicherweise deshalb gerechtfertigt, weil ihr nominelles Einkommen entsprechend niedrig ist und das Schatteneinkommen deshalb nur einen gerechten Ausgleich darstellt?

Wie sieht es aus, wenn die nominellen Einkommen von Beamten mit denen von vergleichbaren Arbeitnehmern verglichen werden? Gibt es einen – von Lobbyisten so gerne behaupteten – Einkommensrückstand von Beamten gegenüber Arbeitnehmern? Um diese Frage zu beantworten, werden im Folgenden stichprobenhaft ledige Beamte des höheren und des mittleren Dienstes mit vergleichbaren Arbeitnehmern sowie Beamte und Quasibeamte gegenübergestellt, wobei die Kosten für die private Krankenversicherung (200 €) des Beamten in den Werten bereits berücksichtigt sind.

Auszubildende und Beamtenanwärter

Beamtenanwärter, quasi »Azubis«, erhalten im einfachen Dienst Anwärterbezüge in Höhe von 980 € monatlich, im mittleren Dienst 1.104 € und im gehobenen 1.158 €. Bereits diese Einkommen liegen deutlich über den Ausbildungsvergütungen, die tariflich in der freien Wirtschaft lt. Bundesinstitut für Berufsbildung gezahlt werden.

Mehr als 980 € erhalten danach überhaupt nur Maurer, Stahlbetonbauer, Fliesenleger, Straßenbauer, Rohrleitungsbauer, Trockenbauer und Zimmerer, allesamt körperlich anstrengende Bauberufe. In allen anderen Fällen liegen die Ausbildungsvergütungen – teilweise deutlich – unter den niedrigsten Anwärterbezügen.

So erhalten die verschiedenen Kaufleute, vergleichbar dem mittleren Dienst, zwischen 700 € (Büro) und 950 € (Bank). Handwerksberufe (ohne Bau), vergleichbar dem einfachen Dienst, erhalten zwischen 570 € (Florist, Bäcker, Maler) und 712 € (Mechatroniker). Und Azubis zahlen im Gegensatz zu den Beamtenanwärtern auch noch Sozialabgaben. Dehalb ist der Netto-Gehaltsunterschied nochmals größer, als es brutto den Anschein hat.

Abiturienten bekommen als Anwärter für den gehobenen Dienst ihre Bezüge während ihres Studiums an den Fachhochschulen für öffentliche Verwaltung und Finanzen. Die Nicht-Beamtenanwärter müssen ihr Studium selbst finanzieren und können allenfalls auf BAföG hoffen.

Bei alledem ist noch zu bedenken, dass die Beamtenanwärter später eine Pension beziehen, die sich nach ihrer letzten Besoldung richtet. Für ihre Dienstzeit zählen die Anwärterjahre voll mit. Für die Rente von Arbeitnehmern wirkt sich die Ausbildung natürlich nur in der Höhe des tatsächlichen Verdienstes aus. Eine dreijährige Ausbildung bringt dem Durchschnittsbeamten somit über 200 € zusätzliche Pension ein; dem Durchschnittsazubi kaum 30 € höhere Rente.

Akademiker und höherer Dienst

Universitätsabsolventen im Staatsdienst steigen im höheren Dienst mit der Besoldungsstufe A13 ein. Das sind Juristen, etwa als Mitarbeiter im Rechtsamt einer Kommune oder im Justiziariat einer Körperschaft, als Staatsanwalt oder Richter (dann R1); Architekten und Bauingenieure in den Baubehörden und Bauaufsichtsämtern; Ärzte oder Apotheker in Kliniken und Gesundheitsämtern; Journalisten in Pressereferaten oder Betriebs- und Volkswirte in den Planungsstäben der Ministerien oder als Wirtschaftsförderer in den Kommunen. Das nominale Bruttoeinkommen eines solchen

Berufsanfängers im Staatsdienst beträgt 3.972 € im Monat. Netto verfügbar sind dann 2.848 €. Ein Arbeitnehmer muss brutto 4.890 € verdienen, um auf ein solches Nettoeinkommen zu kommen. Ein solches Einstiegsgehalt ist allerdings selbst für einen Akademiker kaum zu erreichen.

Viele Akademiker in der freien Wirtschaft erreichen heute bei weitem nicht mehr das Einkommen, das sie sich vielleicht einmal erträumt haben. Von den Nettogehältern der Staatsdiener können sie nur träumen. So verdienen etwa angestellte Rechtsanwälte nach Angaben des Deutschen Anwaltvereins durchschnittlich kaum 4.000 € brutto im Monat (ohne Großkanzleien), verfügbar sind dann 2.412 €. Und dabei kann sich noch glücklich schätzen, wer eine feste Anstellung ergattert und nicht als Scheinselbständiger eine Kümmerexistenz abgibt.

Architekten verdienen in den ersten Berufsjahren durchschnittlich keine 3.500 € im Monat brutto (Tarifempfehlung Architektenkammer), verfügbar sind dann weniger als 2.200 €. Und viele Architekten finden überhaupt keine Festanstellung, sondern sind arbeitslos oder hangeln sich von Zeitvertrag zu Praktikum und zurück.

Angestellte Apotheker in öffentlichen Apotheken verdienen als Berufsanfänger kaum besser als Architekten. Durchschnittlich sind es etwa 3.500 € im Monat brutto, verfügbar sind dann knapp 2.200 €. Auch das Einkommen angestellter Apotheker liegt damit deutlich unter dem ihrer verbeamteten A13-Kollegen.

Journalisten erhalten als Redakteure an Tageszeitungen lt. Tarifvertrag ein Einstiegsgehalt in Höhe von brutto 3.565 € (inkl. Sonderzahlung), das sind netto 2.201 €. In der Endstufe, ab dem 15. Berufsjahr, erhält der Redakteur dann 5.252 € brutto. Sein Nettoeinkommen beträgt dann 3.033 €. Der beamtete Journalist in A13 erhält nach 15 Jahren, nunmehr in Erfahrungsstufe 7, 4.972 €

brutto, das sind 3.007 € netto – ebenso viel wie sein angestellter Kollege.

Seit der Gesundheitsreform 2004 dürfen Ärzte auch bei anderen Ärzten angestellt sein. Es gibt nun also auch angestellte Ärzte außerhalb des öffentlichen Dienstes, vor allem in medizinischen Versorgungszentren (MVZ), und somit grundsätzlich echte Vergleichsmöglichkeiten für den Arztberuf. Leider gibt es aber keine verlässlichen Angaben über die Einkommen von – außerhalb des öffentlichen Dienstes – angestellten Ärzten. Nach verschiedenen Medienberichten sollen die Bruttogehälter zwischen 5.000 € und 7.000 € im Monat betragen. Netto sind das dann zwischen 2.911 € und 3.928 €. Das entspricht dem Nettoeinkommen des beamteten Arztes. Das Nettoeinstiegsgehalt des beamteten Arztes in A13 beträgt 2.842 €; das Nettoendgehalt dann in A14 beträgt 3.739 €.

Mittlere Reife und mittlerer Dienst

Mit einer durchschnittlichen Ausbildung, zehn Jahre allgemeinbildende Schule und drei Jahre Berufsausbildung, steigen Beamte im mittleren Dienst in die Besoldungsstufe A6 ein und steigen bis A9 auf, wenn sie es nicht gar in den gehobenen Dienst schaffen. Das verfügbare Nettoeinkommen eines beamteten Berufsanfängers in der Besoldungsstufe A6 beträgt 1.659 € (brutto 2.154 € ohne Zulagen). Der Berufsanfänger in der freien Wirtschaft muss für ein solches Nettoeinkommen 2.513 € brutto verdienen. Das verfügbare Nettoeinkommen des 45-jährigen Beamten, der sich mittlerweile in der Besoldungsstufe A8 befindet, beträgt 2.296 € (brutto 3.097 € ohne Zulagen). Ein Arbeitnehmer muss für ein solches verfügbares Nettoeinkommen 3.760 € brutto verdienen.

Das Brutto-Einstiegseinkommen beträgt tariflich beispielsweise für Groß- und Außenhandelskaufleute, Industriekaufleute und Steuerfachangestellte etwa 2.100 €. Das sind netto 1.434 €. Selbst in der höchsten Tarifeinordnung (ohne leitende Tätigkeiten) können nach vielen Jahren höchstens rd. 3.700 € brutto erreicht werden. Das bedeutet dann ein Nettoeinkommen in Höhe von 2.267 €.

Ein Einkommensrückstand des Beamten kann ebenfalls nicht festgestellt werden. Im Gegenteil: Der Beamte hat bereits während der aktiven Tätigkeit mehr in der Tasche als der Arbeitnehmer. Zusätzliche Alimentationsleistungen, insbesondere die Pension, lassen sich deshalb nicht rechtfertigen.

Beamte und Quasibeamte

Im öffentlichen Dienst sind in vielen Berufen parallel Beamte und Arbeitnehmer beschäftigt. Beispielsweise arbeiten in unseren Amtsgerichten beamtete und angestellte Rechtspfleger oder in den Katasterämtern beamtete und angestellte Vermessungstechniker und -ingenieure. Sie sitzen im gleichen Büro, Schreibtisch an Schreibtisch. Sie üben die gleiche Tätigkeit aus. Der finanzielle Ertrag aus ihrer Arbeit ist jedoch höchst unterschiedlich.

Selbst bei einem – eigentlich unzulässigen – Vergleich von Beamten mit Arbeitnehmern des öffentlichen Dienstes zeigt sich die Besserstellung der Beamten. Ein beamteter Lehrer verdient etwa in Besoldungsstufe A13 nominal netto 3.609 €. Der angestellte Lehrer in Entgeltgruppe TVöD E13 hat netto monatlich 2.930 €. Der beamtete Rechtspfleger in Besoldungsgruppe A8 hat entsprechend 2.383 € netto, der angestellte Rechtspfleger in Entgeltgruppe TVöD E8 verdient netto 1.966 €. Der beamtete Vermessungsingenieur in Besoldungsgruppe A11 verdient nominal netto 3.067 €, der angestellte Ingenieur in TVöD E11 verfügt dagegen mit 2.653 € über geringere Nettoeinkünfte.

Die Arbeitnehmer im öffentlichen Dienst genießen zwar eine fast beamtenähnliche Altersversorgung, aber sie ist eben doch etwas schlechter. Der aktive Beamte und auch der Pensionär verfügen über ein höheres Einkommen als der vergleichbare Arbeitnehmer und Rentner des öffentlichen Dienstes. Für die Alimentationsleistungen, die der Beamte noch zusätzlich erhält, gibt es deshalb keinen Raum.

Fazit

Von einem Einkommensrückstand der Beamten gegenüber Arbeitnehmern kann keine Rede sein. Beamte verfügen bereits in der aktiven Arbeitsphase über ein höheres Nettoeinkommen als vergleichbare Arbeitnehmer. Durch angeblich höhere Qualifikationen sind die Einkommensunterschiede zwischen Beamten und Arbeitnehmern deshalb nicht zu erklären.

Und wer nun der Auffassung ist, dass nicht die Beamten zu viel verdienen, sondern die Arbeitnehmer zu wenig, der räumt zumindest ein, dass das Verhältnis nicht stimmt.

Bereits bei den Nominaleinkommen stehen Beamte nicht schlechter da als Arbeitnehmer, in vielen Fällen sogar besser. Beamte erhalten ihr Schatteneinkommen nicht als gerechten Ausgleich, sondern es wird zu den ohnehin angemessenen Einkommen noch einmal draufgesattelt.

Insbesondere die hohen Beamtenpensionen können deshalb nicht damit gerechtfertigt werden, dass Beamte dafür während der aktiven Arbeitsphase nominal weniger verdienen als Arbeitnehmer.

Ein Zuschlag dafür, dass Beamte bei gleicher Qualifikation mehr verdienen als Arbeitnehmer, wird in den Schattentabellen jedoch nicht vorgenommen. Ein solcher Zuschlag lässt sich nicht hinreichend genau bestimmen. Man kann allerdings vermuten, dass die Größenordnung für einen Qualifikationszuschlag bei etwas über

10 % liegen dürfte. Die effektiven Einkommen der Beamten sind deshalb tatsächlich noch höher, als es in den Schattentabellen ausgewiesen wird. Die in den Schattentabellen errechneten effektiven Einkommen stellen nur eine Untergrenze dar.

Versetzungen

Immer wieder gerne wird angeführt, dass Beamte von ihrem Dienstherrn jederzeit versetzt werden können, auch gegen ihren Willen und ohne ihre Zustimmung.

Nun, das ist allerdings kein Nachteil gegenüber der freien Wirtschaft. Denn dort ist das ebenso möglich. Ein Unternehmen mit mehreren Betriebsstätten kann seine Arbeitnehmer in begründeten Fällen in eine andere Betriebsstätte versetzen.

Beamte erhalten in dem seltenen Fall einer Versetzung an einen anderen Dienstort zahlreiche Sonderleistungen, die ihm sein Schicksal erleichtern sollen, und von denen versetzte Arbeitnehmer in der freien Wirtschaft nur träumen können:

Sie erhalten Trennungsgeld, die Umzugskosten, die Reisekosten. Eine Versetzung darf keinen Einfluss auf die Besoldung haben. Wenn das Mietniveau am neuen Dienstort höher ist als am alten, so wird auch die Differenz ersetzt. Umzugskosten und Trennungsgeld werden auch gewährt, wenn die Versetzung nicht auf Veranlassung des Dienstherrn geschieht, sondern vom Beamten selbst gewünscht wurde. Und auch mittelbare Kosten der Versetzung werden ersetzt, beispielsweise Nachhilfeunterricht für die Kinder.

Der Beamte selbst muss einer Versetzung nicht zustimmen, aber der Personalrat sowohl der abgebenden als auch der aufnehmenden Behörde. Die Familiensituation des Beamten muss berücksichtigt werden. Ist ein Familienmitglied dauerhaft krank oder auf Hilfe angewiesen (weil z. B. eine bestimmte Schule besucht wird)? Sind kleine Kinder vorhanden? Werden Angehörige gepflegt? Wenn solche Gründe vorliegen, ist es praktisch nicht möglich, einen Beamten zu versetzen.

Ganz anders sieht es bei Arbeitnehmern aus. Ihre familiäre Situation spielt keine Rolle. Und die Kosten, die ihnen durch eine Versetzung entstehen, sind allenfalls steuerliche Werbungskosten. Trennungsgeld ist überhaupt nicht vorgesehen.

Dass Beamte juristisch gesehen gegen ihren Willen versetzt werden können, stellt keinen Nachteil gegenüber Arbeitnehmern dar. Praktisch sind sie sind sogar im Vorteil.

Die Lage im Osten

Alle Zahlenangaben in diesem Buch beziehen sich auf die alten Bundesländer. Das reicht vollkommen aus, um die ungerechten Einkommensverhältnisse von Beamten im Vergleich zu Arbeitnehmern darzustellen. Doch im Osten ist die Situation noch dramatischer:

Die durchschnittlichen Löhne und Gehälter für Vollzeitbeschäftigte erreichen 2014 nach Angaben des statistischen Bundesamtes mit 33.120 € (ohne Sonderzahlungen) nur 75 % des Niveaus in Westdeutschland.

Der aktuelle Rentenwert ist in den neuen Bundesländern ebenfalls niedriger als im Westen. Er beträgt nur 27,05 € statt 29,21 €. Die Renten in Ostdeutschland fallen dennoch etwas höher aus, weil die Menschen im Durchschnitt mehr Beitragsjahre haben. Die Renten erreichen aber, wenn man gleiche Beitragszeiten unterstellt, im Osten nur 93 % des Westniveaus.

Die Beamtenbesoldungen betrugen dagegen – seit 2004 je nach Bundesland und Besoldungsgruppe – zwischen 92,5 % und 100 % des Westniveaus. Seit 2010 erhalten alle Landesbeamten 100 % des Westniveaus. Die Bundesbeamten in Ostdeutschland erhalten bereits seit 2008 100 % der Westbezüge.

In denjenigen neuen Bundesländern, in denen Polizisten noch die kostenlose Heilfürsorge bekommen (Sachsen, Sachsen-Anhalt, Mecklenburg-Vorpommern), liegen die Bezüge insgesamt für diese Polizisten höher als bei ihren Kollegen in denjenigen alten Bundesländern, in denen die kostenlose Heilfürsorge abgeschafft wurde, denn sie brauchen sich nicht für die Hälfte ihrer Krankheitskosten privat zu versichern.

Der relative Unterschied zwischen Beamten und Arbeitnehmern, zwischen Pensionären und Rentnern, ist damit in den neuen Ländern noch deutlich größer, als er es in den alten ist.

Wenn die Beamtenbesoldungen in den alten Ländern angemessen sein sollten (was sie nicht sind), so sind sie es in den neuen Ländern auf keinen Fall. Angemessen wären dann 75 % des Westniveaus, entsprechend dem Abstand der Löhne und Gehälter.

Dritter Teil

»Entscheidend ist, was hinten rauskommt« (Helmut Kohl)

Beamte stehen in einem öffentlich-rechtlichen Treueverhältnis. Das ist das wesentliche Unterscheidungsmerkmal zu Arbeitnehmern, die in einem zivilrechtlichen Schuldverhältnis tätig sind. Arbeitnehmer arbeiten um der Gegenleistung willen – Beamte setzen sich dagegen für die freiheitlich-demokratische Grundordnung ein. Mit dieser feinsinnigen Unterscheidung werden letztlich alle Privilegien begründet. Beamte setzen sich mit voller Hingabe für den Staat ein – und dafür ist die Alimentation in allen Lebenslagen das gerechte Äquivalent.

Aber auch wenn diese Unterscheidung jemals gestimmt haben sollte: Heute ist sie jedenfalls nur noch formaljuristischer Natur. In der Lebenswirklichkeit gibt es einen solchen Unterschied tatsächlich nicht. Der Beamte arbeitet genauso um der Gegenleistung willen wie der Angestellte. Und der Angestellte wird sich in der Regel auch rechtsstaatlich verhalten.

Wie sieht er denn in der Praxis aus, der Unterschied etwa zwischen einem beamteten Lehrer B und seinem angestellten Kollegen A? Wenn man die beiden beobachtet, gibt es da erkennbare Unterschiede? Ist B pünktlicher als A? Kleidet er sich besser? Benotet er anders? Gestaltet er den Unterricht anders? Nein, das ist alles ganz offensichtlich nicht so. A und B verhalten sich identisch. Ist es vielleicht die innere Einstellung? Fühlt B sich in seiner Tätigkeit vor allem der FDGO verpflichtet, während A nur um des schnöden Mammons willen seine Stunden abreißt? Steht B also moralisch höher? Auch das ist offensichtlicher Unsinn.

In der Lebenswirklichkeit gibt es keine Unterschiede zwischen dem beamteten und dem angestellten Lehrer, dem beamteten und dem angestellten Vermessungstechniker, der beamteten und der angestellten Rechtspflegerin. Und weil das öffentlich-rechtliche Treueverhältnis nur noch formaljuristisch besteht, tatsächlich aber eine Chimäre ist, ist auch die Alimentation nicht gerechtfertigt, jedenfalls nicht die heute bestehende überbordende, völlig überzogene Alimentation.

Denn selbst wenn die Alimentation dem Grunde nach gerechtfertigt sein sollte, so sagt das noch nichts über ihre angemessene Höhe aus. Eine »angemessene« Alimentation kann doch vernünftigerweise nur bedeuten, dass der Beamte im Endeffekt das gleiche Lebenseinkommen erzielt wie der vergleichbare Arbeitnehmer.

Tatsächlich aber sieht es anders aus: Das Bundesverfassungsgericht hat mehrfach entschieden, dass das Nettoeinkommen des Beamten dem des vergleichbaren Arbeitnehmers entsprechen soll. Und wenn man sich nur die nackte Besoldung ansieht, so ist das auch im Großen und Ganzen der Fall, wenn man ein Auge zudrückt. So gesehen – im ersten Schritt – sind die Beamteneinkommen also angemessen.

Im zweiten Schritt erhalten die Beamten aber sämtliche Alimentationsleistungen zusätzlich, on top, obendrauf. Mit anderen Worten: Die Alimentationsleistungen sind nicht etwa in der »angemessenen« Besoldung enthalten, sondern extra.

Und das ist eben der entscheidende Fehler im System. Dadurch gerät das Verhältnis zwischen Beamteneinkommen und Arbeitnehmereinkommen völlig aus den Fugen.

Wenn »angemessen« bedeuten soll, dass sich Beamter und Arbeitnehmer letztlich das Gleiche leisten können sollen, dann kann es nur richtig sein, im Sinne einer logischen Richtigkeit, dass die Alimentationsleistungen in der nackten Besoldung entsprechend angerechnet werden.

Das wird deutlich, wenn man sich vorstellt, dass sich der Arbeitnehmer gegen alle Wechselfälle des Lebens versichert: gegen

Arbeitslosigkeit, gegen Berufsunfähigkeit, gegen Familienzuwachs – so dass er die soziale Sicherheit eines Beamten gegen Zahlung von Versicherungsprämien erlangt.

Diese Versicherungsprämien schmälern aber sein verfügbares Nettoeinkommen. Er kann sich weniger leisten. Die Forderung des Verfassungsgerichtes, dass Beamte und Arbeitnehmer sich gleich viel leisten können sollen, kann also nur erfüllt werden, wenn die Besoldungen gesenkt werden – nämlich um die fiktiven Versicherungsprämien des Arbeitnehmers. Damit hinten dann wirklich das Gleiche rauskommt.

Öffentliche Meinungsbildung

Die Gewerkschaften

Die Mehrheit der Gewerkschaftsfunktionäre hat sich leider dafür entschieden, die Beamtenprivilegien nicht anzugreifen. Verbandspolitisch ist das wohl die richtige Entscheidung. Konflikte innerhalb des Beschäftigtenlagers werden aus Gewerkschaftsräson unterdrückt. Der Feind steht schließlich woanders. Denn für die Kampfkraft einer Organisation ist es wichtig, dass sie ihre Kräfte nicht mit inneren Reibereien verbraucht.

Die Funktionäre wollen deshalb Ruhe im Karton. Doch die Furcht vor innergewerkschaftlichen Konflikten trägt leider dazu bei, dass die Verhältnisse sich nicht ändern. Notwendig ist es aber, dass die Gewerkschaften auch die horizontale Gerechtigkeit zwischen den verschiedenen Beschäftigtengruppen im Blick haben.

Wir brauchen jetzt mutige Gewerkschafter, die auch einen Konflikt innerhalb der eigenen Organisation aushalten. Insbesondere bei der Altersversorgung wird die Ungleichheit von Beamten und Arbeitnehmern in der Zukunft unerträglich werden, wenn dem jetzt nicht entgegengesteuert wird. Der Druck der unterprivilegierten Beschäftigten beispielsweise im Einzelhandel und im Handwerk wird ansonsten ein Umdenken erzwingen.

Die Kirchen

Auch die Mitarbeiterschaft der Kirchen besteht aus Beamten und Quasibeamten. Die Repräsentanten der Kirchen, von denen einige aufs Stichwort jede soziale Ungerechtigkeit anprangern können, verhalten sich zum Thema Beamtenprivilegien merkwürdig still. Liegt es daran, dass sie selbst Beamte sind?

Gerechtigkeit erhöht ein Volk (Sprüche Salomos Kapitel 14, Vers 34a). Unter diesem Motto wird gerne gegen die Hartz-Gesetze gepredigt. Wie wäre es einmal mit einer Predigt gegen die Beamtenprivilegien? Welcher Pfarrer, welcher führende Kirchenvertreter, ist dazu bereit? Gerechtigkeit ja, aber nur, wenn es einen selbst nichts kostet, das ist sicherlich nicht im Sinne von König Salomo. Als Beamter kann man gut gegen soziale Ungerechtigkeiten predigen. Aber ist das nicht ein wenig pharisäerhaft?

Legislative und Exekutive

Unsere Landesparlamente und der Bundestag werden von Beamten und Quasibeamten dominiert. Mehr als 40 % der Abgeordneten kommen aus dem öffentlichen Dienst. Und diese Abgeordneten mehren nicht den Nutzen des deutschen Volkes, sondern ihren eigenen. Es ist ein wesentliches Problem unserer Demokratie, dass die Parlamente kein Spiegelbild der Bevölkerung darstellen.

Die Regierungsmitglieder wiederum sind abhängig von ihren Ministerialbeamten. Die größte Gefahr droht einem Minister nicht vom politischen Gegner. Mit dem wird er schon fertig. Am

Gefährlichsten für ihn sind seine eigenen Beamten. Gegen Indiskretionen etwa oder die verspätete Weitergabe von Informationen ist er machtlos. Der Minister muss deshalb loyal zu seinen Beamten sein, nicht umgekehrt.

Ein Politiker, der sich seine Karriere ruinieren möchte, hat dazu drei sichere Möglichkeiten: Nazi-Vergleiche, Kritik an den Medien und Kritik an Beamten. Für alle anderen sind diese Themen tabu.

Und schließlich halten Politiker und Beamte auch noch zusammen. Es gibt eine Kumpanei der Privilegierten. Politiker schützen die Beamtenprivilegien, um ihre eigenen zu schützen. Ein Geschäft auf Gegenseitigkeit. Die Altersversorgung der Beamten wird nicht angetastet, damit die Altersversorgung der Politiker selbst nicht in Gefahr gerät.

Die dritte Gewalt

Das Bundesverfassungsgericht ist beinhart, wenn es um die »hergebrachten Grundsätze« des Berufsbeamtentums geht. Während andere Normen des Grundgesetzes dem Wandel der Zeiten, geänderten Anschauungen und veränderten gesellschaftlichen Verhältnissen unterliegen, werden die Beamtenprivilegien geschützt wie sonst nur die Menschenwürde.

Das Verfassungsgericht urteilte einmal, es sei ein »Verstoß gegen das Sittengesetz«, wenn ein Paar unverheiratet zusammenlebt. Diese Rechtsprechung hat das Gericht inzwischen aufgegeben. Die Beamtenprivilegien werden dagegen verteidigt wie der Goldschatz von Fort Knox.

Es gibt – neben dem Rentenurteil – eine Fülle von skurrilen Urteilen unseres höchsten Gerichtes zum Beamtenrecht. Die Rechtsprechung des Bundesverfassungsgerichtes ist im Allgemeinen unkalkulierbar. Einzige Ausnahme ist das Beamtenrecht: Zuverlässig wird in wichtigen Fragen zugunsten der Beamten entschieden; und in eher unwichtigen Dingen zu ihren Ungunsten, damit nicht der Eindruck entsteht, die Richter wären nicht neutral.

So sind die Ansprüche von Arbeitnehmern und Rentnern durch die Eigentumsgarantie des Grundgesetzes geschützt. Das Verfassungsgericht beurteilt Eingriffe in das Eigentum von Arbeitnehmern und Rentnern jedoch unter dem Aspekt der Verhältnismäßigkeit. Wenn eine Maßnahme von gewichtigem öffentlichen Interesse bestimmt ist, wie beispielsweise die Renten-Nullrunde 2004, dann handelt es sich nicht um eine Verletzung von Eigentumsrechten (1 BvR 1247/07). Und als gewichtiges öffentliches Interesse gilt auch die Verbesserung der Finanzlage der öffentlichen Haushalte.

Für Beamte und Pensionäre werden Verhältnismäßigkeitsüberlegungen jedoch kaum angestellt. Der Schutz der »hergebrachten Grundsätze« ist fast absolut. Haushaltstechnische Überlegungen, also schlicht Geldbedarf, als Begründung für Eingriffe in die Rechte der Beamten werden vom Verfassungsgericht nicht anerkannt. Die Richter messen mit zweierlei Maß. Eingriffe in die Rechte von Arbeitnehmern und Rentnern können verhältnismäßig sein, und sind es in der Regel auch, wenn damit die öffentlichen Haushalte stabilisiert werden sollen. Bei Beamten und Pensionären sind fiskalische Argumente jedoch weitgehend unbeachtlich.

Das Bundesverfassungsgericht hält beispielsweise auch die höheren Krankenkassenbeiträge für Betriebsrentner für rechtens. Die Verdoppelung der Beiträge sei als Teil eines Maßnahmenkatalogs zur Erhaltung der Stabilität der gesetzlichen Krankenversicherung nicht zu beanstanden, meinten die Richter. Die Maßnahme sei zur Deckung einer zunehmenden Finanzierungslücke, deren Ursache der medizinische Fortschritt und die zunehmende Zahl älterer Menschen ist, erforderlich (1 BvR 2137/06). Dies verstößt nach Ansicht der Richter nicht gegen das Gebot der Gleichbehandlung oder gegen Grundsätze der Verhältnismäßigkeit oder des Vertrauensschutzes.

Ebenfalls per Beschluss (1 BvR 1924/07) wurde eine seit 2004 geltende Regelung bestätigt, nach der auf Direktlebensversicherungen Krankenkassenbeiträge, berechnet auf zehn Jahre, erhoben werden, unabhängig davon, ob die Lebensversicherung verrentet oder in einer Summe ausgezahlt wird. Bis 2003 galt das nur für monatlich ausgezahlte Versorgungsbezüge. Dies ist nach Ansicht der Richter weder gleichheitswidrig noch unverhältnismäßig. Die Betroffenen werden zwar erheblich belastet, aber diese Belastung habe »keine erdrosselnde Wirkung«.

Ganz anders fallen die Entscheidungen dagegen aus, wenn es um Beamte geht. So hat der Bund seinen Beamten, die als Aufbauhelfer in den neuen Ländern beschäftigt waren, von 1990 bis 1993 steuerfreie Zulagen gewährt, die von Anfang an ganz offensichtlich rechtswidrig waren. Diese »Aufwandsentschädigungen« konnten sich auf bis zu 30.000 DM im Jahr belaufen, zusätzlich zu Reisekosten und Trennungsgeldentschädigungen.

1998 entschied das Bundesverfassungsgericht dann (2 BvL 10/95): Die Steuerfreiheit der »Buschzulage« ist rechtswidrig (nur die Steuerfreiheit, nicht die Zulage als solche!). Unter den Gesichtspunkten des Vertrauensschutzes und der Rechtssicherheit sei eine rückwirkende Nachversteuerung jedoch nicht angezeigt.

Beamte dürfen rechtswidrige Zahlungen behalten. Arbeitnehmer und Rentner müssen dagegen schwerwiegende Eingriffe in ihre Vermögensposition hinnehmen. Auch wenn die entschiedenen Sachverhalte natürlich unterschiedlich sind, so ist doch der Tenor der Entscheidungen voll vergleichbar: Beamten wird weitgehender Vertrauensschutz gewährt, Arbeitnehmern kaum.

So wird mit zweierlei Maß gemessen. Zugunsten von Beamten wird der Vertrauensschutz exzessiv überdehnt. Bei Arbeitnehmern und Rentnern jedoch wird abgewogen, ob ein Eingriff noch verhältnismäßig ist. Und in der Regel ist er es, solange er keine »erdrosselnde Wirkung« hat.

Weltfremd ist auch eine Entscheidung zur begrenzten Vergabe von Führungspositionen (2 BvL 11/07). Im Land Nordrhein-Westfalen sollten bestimmte Führungsämter zunächst »auf Probe« vergeben werden, und erst dann endgültig. Das ist nach Ansicht unserer obersten Richter jedoch verfassungswidrig, denn bei einer Vergabe eines Amtes auf Zeit müsste der Beamte ständig fürchten, in sein vorheriges Amt zurückversetzt zu werden und Einbußen sowie Ansehensverluste zu erleiden.

Solche Sorgen hätten viele Arbeitnehmer sicher gerne. In der freien Wirtschaft ist es üblich, Führungspositionen auf Zeit zu vergeben. Geschäftsführerverträge werden zeitlich befristet, Vorstände auf Zeit gewählt, ebenso Aufsichtsräte. Und auch wer keine Führungsposition hat, muss, wenn er arbeitslos geworden ist, wieder auf kleinerer Stufe anfangen. Das ist allerdings völlig normal. Es gibt Rückschläge im Leben, so ist das nun einmal. Für Beamte ist das jedoch nicht zumutbar.

Das Land Niedersachsen hatte 1997 in seinem Beamtengesetz die Möglichkeit eingeführt, Stellen für Beamte als Teilzeitstellen einzurichten. Auf dieser Grundlage wurden dann statt 4.800 vollzeitbeschäftigten Lehrern 6.400 Lehrer mit jeweils einer Dreiviertelstelle eingestellt. Diese Maßnahme war arbeitsmarktpolitisch sinnvoll und vernünftig. Das Verfassungsgericht erklärte sie jedoch für verfassungswidrig (2 BvF 3/02). Danach wurde gegen die hergebrachten Grundsätze der Hauptberuflichkeit und der amtsangemessenen Alimentation verstoßen. Teilzeitbeschäftigung ist nur dann möglich, wenn der Beamte ausdrücklich zustimmt. Ob es sich bei Teilzeitbeschäftigung also um einen Verstoß gegen die

»hergebrachten Grundsätze« handelt, das hängt vom Willen des Beamten ab.

Niedersachsen musste den Teilzeitbeamten nun eine Vollzeitstelle geben und die Besoldung für eine Vollzeitstelle nachzahlen, obwohl nur Teilzeit gearbeitet worden war. Den niedersächsischen Steuerzahler kostete dies 2,5 Milliarden €.

Selbst geringfügige kosmetische Maßnahmen des Gesetzgebers werden vom Verfassungsgericht kassiert: Um Gefälligkeitsbeförderungen zu vermeiden, sieht das Beamtenversorgungsgesetz vor, dass sich die Pension nur dann aus dem letzten Amt (»Höchstamt«) berechnet, wenn dieses mindestens zwei Jahre lang ausgeübt wurde. Zum 1. Januar 1999 wurde diese Frist auf drei Jahre verlängert. Das Verfassungsgericht hat beschlossen, dass diese Verlängerung verfassungswidrig ist, weil sie in den Kernbereich der »hergebrachten Grundsätze« des Berufsbeamtentums eingreift (2 BvL 11/04).

Die vierte Gewalt

Die wesentlichen relevanten Massenmedien in Deutschland sind die öffentlich-rechtlichen Rundfunkanstalten. Radio und Fernsehen bestimmen maßgeblich, welche Themen auf der öffentlichen Agenda stehen. Doch ihre Mitarbeiter sind Quasibeamte und genießen eine fast beamtenähnliche Altersversorgung.

Kritische Berichte über die Privilegien von Beamten sucht man in diesen Sendern vergeblich. Dabei handelt es sich bei der Pensionslawine, die auf uns zurollt, um ein drängendes gesellschaftliches Problem. Über die Probleme bei der gesetzlichen Rente dagegen wird ständig berichtet.

Journalisten machen Politik. Das ist unvermeidlich. Allein durch die Auswahl ihrer Themen beeinflussen sie die Meinungsbildung.

Umso wichtiger ist es, dass diese Politik nicht einseitig beamtenfreundlich ist. Man kann – man muss – von ARD und ZDF eine ausgewogene und den Problemen angemessene Berichterstattung verlangen. Und wenn in Talkshows oder Reportagen die Rentenprobleme verhandelt werden, dann ist es ein Unding, wenn die Pensionen dabei nicht thematisiert werden. Das ist Meinungsmache durch Weglassen. Der Zuschauer, der den Journalisten vertraut, kann aus der Nicht-Thematisierung der Pensionen nur den Schluss ziehen, dass in diesem Bereich alles in Ordnung ist.

Jedes echte oder vermeintliche Skandälchen wird dagegen hochgekocht und breitgetreten und so lange durchgenudelt, bis es auch dem Gutwilligsten zum Halse heraushängt. Gammelfleisch bis zum Abwinken. Talkshows beschäftigen sich mit allen möglichen Nichtigkeiten. Aber ein Thema, das den Nerv der Bevölkerung trifft wie kaum ein anderes, die Beamtenprivilegien, wird totgeschwiegen. Der Zwangsgebührenzahler hat jedoch einen Anspruch darauf, dass sämtliche relevanten Themen auch angemessen in den Programmen behandelt werden.

Doch die Journalisten und Mitarbeiter der öffentlich-rechtlichen Anstalten haben offenbar kein Interesse daran, eine Debatte über Privilegien loszutreten oder zu befördern. Denn auch ihre eigenen Privilegien, wie die fast beamtenähnliche Altersversorgung, Presserabatte für Waren und Dienstleistungen und die Möglichkeit, ihre Popularität auf eigene Rechnung zu vermarkten, würden dann ebenfalls kritisch hinterfragt werden.

Die fünfte Gewalt

Und die Wissenschaft trägt ebenfalls nichts zum gesellschaftlichen Fortschritt bei. Kritische Reflexion der Beamtenprivilegien findet in unserem Wissenschaftsbetrieb nicht statt. Denn die wissenschaftlichen Hochschulmitarbeiter sind ebenfalls verbeamtet oder wollen es noch werden.

Wissenschaftler wie beispielsweise die bekannten TV-Professoren Herbert von Arnim, Karl Lauterbach, Rudolf Hickel oder Hans-Werner Sinn haben allerlei Kritisches zu sagen über unsere gesellschaftlichen Strukturen und Zustände. Ihre eigenen Privilegien kritisieren sie jedoch nicht oder nur äußerst halbherzig.

Für die Verbeamtung von Professoren gibt es keinen vernünftigen Grund. Ihre Unkündbarkeit behindert gar den wissenschaftlichen Fortschritt, wenn sie nicht mehr auf dem Stand der Dinge sind oder ihr spezielles Fachgebiet einfach nicht mehr gebraucht wird, weil andere Dinge wichtiger sind. Professoren sollten deshalb keine Beamten sein. Das würde auch die Diskussion um die Abschaffung der Beamtenprivilegien insgesamt befördern.

Ein Vorschlag zur Reform der Sozialversicherung

Wer arbeitet, ist der Dumme

Heutzutage gilt mehr denn je: Wer arbeitet, ist der Dumme. Genauer gesagt: Wer sozialversicherungspflichtig arbeitet. Selbständige, Beamte und Politiker sind nicht ganz so dumm. Denn die Lasten des Sozialstaates werden im Wesentlichen von den Arbeitnehmern über ihre Sozialabgaben getragen. Und diese Sozialabgaben kannten seit Gründung der Bundesrepublik nur eine Richtung: nach oben. Als die dynamische Rente 1957 eingeführt wurde, betrug der Gesamtsozialversicherungsbeitrag noch 24 % (Rentenversicherung 14 %, Krankenversicherung 8 %, Arbeitslosenversicherung 2 %). Heute liegt er bei knapp 40 %.

Während die Sozialabgaben mehr und mehr stiegen, wurden zugleich die Steuersätze in Deutschland immer weiter gesenkt. Bis

1988 betrug der Einkommensteuerhöchstsatz 56 %. In der Zeit danach wurde er massiv auf 42 % gesenkt.

Beide Entwicklungen belasten jedoch vor allem Klein- und Mittelverdiener, also Arbeitnehmer, deren Einkommen unter der Beitragsbemessungsgrenze liegt. Gerade sie sind besonders stark von den steigenden Sozialabgaben betroffen und haben gleichzeitig nur geringe Vorteile durch die Steuersenkungen, denn wer keine oder nur wenig Steuern bezahlt, dem nützen Steuersenkungen nicht viel. Von der Senkung der Steuersätze profitieren stattdessen überproportional die Besserverdienenden.

Diese Unwucht im System bewirkte in den letzten Jahrzehnten eine schleichende Benachteiligung von Arbeitnehmern im unteren und mittleren Einkommensbereich gegenüber gutverdienenden Arbeitnehmern und gegenüber Beamten und Selbständigen. Klein- und Durchschnittsverdiener haben deshalb heute kaum noch Luft zum Atmen.

Befreiung von den Sozialabgaben

Der Schlüssel zur Herstellung von ein wenig mehr Gerechtigkeit liegt darin, den Faktor Arbeit im Endeffekt vollständig von den Sozialabgaben zu befreien. Kleine Schritte in diese Richtung wurden ja tatsächlich auch schon gemacht: So werden für die »Mini-Jobs«, die mit bis zu 450 € Einkommen im Monat vergütet werden, nur geringe pauschale Sozialabgaben abgeführt, und nicht die vollen Sätze. Für Einkommen in einer Höhe zwischen 450 € und 850 € im Monat (»Midi-Jobs«) gibt es die sogenannte Gleitzone, in der die Sozialabgaben allmählich ansteigen, bis dann bei einem Einkommen von 850 € im Monat die vollen Sätze erreicht sind.

Das Ziel, das mit Ansätzen wie den Mini- und Midi-Jobs und mit Überlegungen hinsichtlich eines ansteigenden Tarifs bei den Sozialabgaben verfolgt wird, ist es, ein grundlegendes Problem des bestehenden Sozialversicherungssystems in den Griff zu bekommen. Dieses Problem besteht darin, dass Klein- und Durchschnittsverdiener durch die Sozialabgaben inzwischen deutlich höher belastet sind als durch Steuern, während für diejenigen, deren Einkommen über der Beitragsbemessungsgrenze liegt, die Sozialabgaben immer weniger ins Gewicht fallen, je höher das Einkommen ist.

Das bisherige System des Sonderausgabenabzugs

Momentan können Beiträge zur Sozialversicherung als sogenannte Sonderausgaben innerhalb bestimmter Höchstgrenzen teilweise von der Bemessungsgrundlage der Einkommensteuer abgesetzt werden. Dieser Sonderausgabenabzug führt jedoch dazu, dass diejenigen, die mehr verdienen und deshalb auch mehr Sozialabgaben zahlen, zusätzlich zu ihrem höheren Verdienst auch noch mehr Steuern sparen als diejenigen, die weniger verdienen. Wer dagegen so wenig verdient, dass er gar keine oder nur geringe Steuern zahlt, dem nützt auch der Sonderausgabenabzug nicht viel. Er spart dadurch keine oder kaum Steuern und zahlt seine Sozialversicherungsbeiträge praktisch aus eigener Tasche. Ein Spitzenverdiener dagegen, dessen Steuersatz mit Solidaritätszuschlag und Kirchensteuer fast 50 % beträgt, bekommt von seinen Sozialversicherungsbeiträgen annähernd die Hälfte vom Staat erstattet.

Der Reformvorschlag

Es ist jedoch möglich, mehrere Fliegen mit einer Klappe zu schlagen, d. h., mehrere ungerechte Zustände auf einmal zu beseitigen: Die Ungerechtigkeit, dass unser Sozialstaat allein von den Arbeitnehmern finanziert wird und nicht auch von Beamten; die weitere Ungerechtigkeit, dass Höherverdiener prozentual weniger Sozialabgaben zahlen als Klein- und Mittelverdiener, da sie über die Steuerprogression eine höhere Steuererstattung bekommen; und schließlich die allseits beklagte Belastung des Faktors Arbeit, die die Arbeit so teuer macht.

Diese Lösung sieht folgendermaßen aus:

> Die Sozialabgaben können nicht mehr als Sonderausgaben von der Bemessungsgrundlage der Einkommensteuer abgezogen werden, sondern stattdessen in voller Höhe von der Steuerschuld.

Veränderungen der Sozialabgabensätze wirken sich dann auf das Nettoeinkommen nicht mehr aus. Denn Erhöhungen etwa des Krankenkassenbeitrags werden automatisch kompensiert durch eine Verringerung der Einkommensteuerzahllast. Die Arbeit wird vollständig von der Aufgabe entlastet, den Sozialstaat zu finanzieren. Denn Altersvorsorge, Gesundheitsvorsorge und Arbeitslosensicherung sind originär gesamtstaatliche Aufgaben, die von allen Bürgern getragen werden müssen.

Eine solche Reform wäre ein Meilenstein in der Sozialgeschichte und zugleich ein Befreiungsschlag. Seit Jahrzehnten reden Politiker davon, dass die Belastung des Faktors Arbeit verringert werden muss. Aber es passiert nicht viel, und die Belastung steigt und steigt. Der einzige Weg, Gerechtigkeit zu schaffen, würde darin bestehen, dass der Sozialstaat statt über den Faktor Arbeit künftig über das allgemeine Steueraufkommen finanziert würde. Doch das will in Wirklichkeit keine der Gruppen, die vom bisherigen Zustand profitieren: Die Besserverdienenden nicht, die Beamten nicht und auch diejenigen nicht, die die öffentliche Meinung bestimmen (denn auch Journalisten und Politiker gehören zu den Besserverdienenden, und Politiker sind häufig zugleich auch Beamte), denn sie würden dann zu den »Verlierern« gehören. Auch die Politiker selbst zahlen bislang nicht in die Sozialsysteme ein. Sie erkennen das Problem wohl und beklagen es auch, aber es brennt ihnen nicht auf den Nägeln, weil sie selbst nicht betroffen sind. Und ihr Ehrgeiz, über bloße Lippenbekenntnisse hinaus tatsächlich etwas zu verändern, ist deshalb nicht sonderlich ausgeprägt.

Ein Konstruktionsfehler der bisherigen Finanzierung unserer Sozialsysteme ist es auch, dass der Staat, in diesem Fall der Bund, kein unmittelbares eigenes Interesse an niedrigen Sozialabgaben hat. Einerseits nimmt er zwar mit der Gesetzgebung Einfluss auf die Beitragssätze, andererseits entscheidet er damit aber über Dinge, die ihn selbst nicht direkt finanziell betreffen. Er tut sich also immer recht leicht mit Beitragssatzerhöhungen, denn sie tun ihm ja nicht weh. Deshalb werden Finanzierungsprobleme der öffentlichen Hand gerne über die Sozialkassen gelöst.

Steuererhöhungen sind dagegen politisch kaum durchsetzbar. Deshalb geht man lieber den Weg des geringsten Widerstands und plündert die Sozialkassen bzw. dreht an der Sozialabgaben-Schraube. Wenn eine Erhöhung der Sozialabgaben jedoch gleichzeitig eine Verminderung der Steuereinnahmen mit sich bringt, dann sieht die Machtverteilung schon gleich ganz anders aus.

Das Verhältnis von Steuern zu Sozialabgaben hat sich in den letzten Jahrzehnten vollkommen verändert, eine Entwicklung, die schleichend verlief. Die Sozialabgaben sind ständig gestiegen, die Steuern ebenso ständig gesunken. Die Sozialabgaben belasten jedoch als Fixkosten, quasi als Bodensatz, ausnahmslos jeden sozialversicherungspflichtigen Arbeitnehmer, während Steuererleichterungen vor allem die Bessergestellten, also Beamte, Selbständige und Besserverdienende, entlasten. Die unteren und mittleren Einkommen wurden deshalb jahrzehntelang schleichend, aber systematisch benachteiligt.

Das hat dazu geführt, dass man heutzutage selbst mit einem durchschnittlichen Einkommen kaum noch über die Runden kommt. Mit einem kleinen Einkommen dagegen bewegt man sich bereits an der Armutsgrenze. Während die Bruttoeinkommen in den letzten Jahrzehnten im Großen und Ganzen im Gleichschritt marschierten, wurde die Spreizung der Nettoeinkommen immer größer. Schuld daran sind die Sozialabgaben, die wie ein Mühlstein am Hals der Klein- und Durchschnittsverdiener hängen. Von Steuersenkungen profitieren diese Gruppen kaum in nennenswerter Weise, aber von Erhöhungen der Sozialabgaben werden sie voll getroffen.

Schwarzarbeit

Schwarzarbeit würde sich in dem neuen System tendenziell weniger lohnen als bisher. Wer nämlich dann noch Sozialabgaben hinterzieht, bekommt zum einen diese nicht gezahlten Sozialabgaben auch nicht auf die Einkommensteuer angerechnet und erhält zum anderen weniger Rente bzw. ein geringeres Arbeitslosengeld. Er profitiert also nicht mehr von der Hinterziehung.

Abstandsgebot und Mindestlöhne

Ein weiterer Aspekt sind die Sozialhilfesätze (»Hartz IV«). Sie sind heute auch deshalb relativ niedrig, weil es erwünscht ist, dass ein gewisser Abstand zu den niedrigsten Lohngruppen besteht. Eine Erhöhung der Sozialhilfesätze ist deshalb derzeit kaum möglich, denn dann würde der Abstand zwischen Sozialhilfeempfängern und Geringverdienern noch kleiner werden, als er es ohnehin schon ist.

Nach der Reform haben jedoch Kleinverdiener mehr in der Tasche, weil ihre Sozialabgaben bei der Steuer voll angerechnet werden. Die notwendige Gegenfinanzierung durch die Erhöhung der Steuern trifft sie dagegen weniger stark. (Noch einmal: Das ist keine Umverteilung von oben nach unten, sondern nur die Korrektur einer jahrzehntelangen Fehlentwicklung.)

Wenn nun aber Kleinverdiener mehr Netto vom Brutto haben, so werden dadurch auch Spielräume für die Erhöhung der Sozialhilfesätze geschaffen; und auch der Streit um die Einführung von Mindestlöhnen wäre zunächst einmal entschärft.

Mini-Jobs

Die heutigen sogenannten Mini-Jobs sind die Steuerschlupflöcher des kleinen Mannes, die noch dazu den Vorteil haben, dass es sich um eine ganz legale Möglichkeit zur Steuerersparnis handelt. So ist ein monatliches Einkommen bis zu 450 € für den Arbeitnehmer vollkommen steuer- und sozialabgabenfrei, lediglich der Arbeitgeber muss pauschal 30 % abführen, bei einem Monatslohn von z. B. 450 € also 135 €. Im Vergleich zu »regulärer« Beschäftigung ist das Verhältnis von Nettolohn für den Arbeitnehmer und Lohnkosten für den Arbeitgeber außerordentlich günstig.

Mini-Jobs sind deshalb bei Arbeitgebern und Arbeitnehmern sehr beliebt. Sie verführen aber dazu, Vollzeitstellen mit regulärer Bezahlung in mehrere Mini-Jobs aufzuspalten. Der kurzfristige Vorteil für den Arbeitnehmer wird dadurch langfristig ein Nachteil, weil der Arbeitnehmer beim Mini-Job im Gegensatz zu einer Teilzeit- oder Vollzeitstelle nicht sozial abgesichert ist und z. B. kaum Rentenansprüche erwirbt. Deshalb ist diese Jobform trotz ihrer Vorteile durchaus auch kritisch zu sehen.

In dem hier vorgeschlagenen System zur Finanzierung der Sozialsysteme kann dagegen auf die verführerischen Sonderregelungen für Mini-Jobs ganz verzichtet werden. Es braucht dann überhaupt keine Mini-Jobs mehr zu geben, und trotzdem haben die geringfügig Beschäftigten genauso viel Geld in der Tasche wie bisher. Sie zahlen zwar volle Sozialabgaben, werden dadurch aber nicht belastet, weil sie diese Beträge als Steuerabzugsbeträge wieder zurückerhalten.

Scheinselbständigkeit

In dem neuen System gibt es auch keinen Anlass mehr, sich in die Scheinselbständigkeit zu flüchten. Wer heutzutage die Möglichkeit dazu hat, macht sich pro forma selbständig, um sich von dem Joch der Sozialabgaben zu befreien. Eine tatsächliche Selbständigkeit liegt oftmals aber gar nicht vor, sondern es handelt sich bei der ausgeübten Tätigkeit nach wie vor um ein abhängiges Beschäftigungsverhältnis. Kraftfahrer machen sich »selbständig«, fahren aber weiterhin für ihren nun ehemaligen Chef; Buchhalter machen sich »selbständig«, ihre Tätigkeit ändert sich dadurch aber überhaupt nicht. Das Einzige, was sich ändert, ist, dass sie jetzt kein Gehalt mehr bekommen, sondern stattdessen Rechnungen schreiben. Der Scheinselbständige spart zwar Sozialabgaben, ist dafür jedoch auch nicht sozial abgesichert. Im Alter, bei Krankheit oder bei Insolvenz des Scheinselbständigen muss somit die Allgemeinheit einspringen. Würden dagegen die Sozialabgaben keine finanzielle Belastung mehr darstellen, weil sie gleichzeitig in voller Höhe die Einkommensteuer vermindern, dann wäre die Scheinselbständigkeit nicht mehr attraktiv. Zugleich wäre die Gefahr gebannt, dass der Scheinselbständige sozial nicht abgesichert ist.

Finanzierung

Zurzeit fließen jährlich rund 600 Milliarden € durch die Kassen der Renten-, Kranken-, Pflege- und Arbeitslosenversicherung. Davon sind knapp die Hälfte Arbeitgeberanteile, also rund 300 Milliarden €. Gegenzufinanzieren sind demnach die Arbeitnehmeranteile, ebenfalls rund 300 Milliarden €.

Diese Gegenfinanzierung wird im Wesentlichen über eine Streichung der Steuerfreiheit aller Sonderausgaben ermöglicht. Sonderausgaben, die bislang steuerfrei sind, sind vor allem die Arbeitgeberanteile am Sozialversicherungsbeitrag und die sonstigen Vorsorgeaufwendungen, die in der Regel mit 1.900 € jährlich, 3.800 € für Verheiratete, steuerlich angesetzt werden.

Bei einem angenommenen durchschnittlichen Grenzsteuersatz von 33 % wird ein Finanzierungsbeitrag in Höhe von 100 Milliarden € geleistet, wenn die Steuerfreiheit des Arbeitgeberanteils am Sozialversicherungsbeitrag wegfällt. Wird die Steuerfreiheit auch bei den übrigen Vorsorgeaufwendungen gestrichen, so bringt dies weitere 20 Milliarden €. Und das kleine Beschäftigungs- und Konsumwunder, das durch diese Reform ausgelöst wird, schafft ein zusätzliches Wirtschaftswachstum, das dann zu einer teilweisen Selbstfinanzierung der Reform führt. Bereits ein zusätzliches Wirtschaftswachstum von 2 % reicht aus, um weitere 40 Milliarden € zu erbringen. Und schließlich werden auch noch staatliche Transferzahlungen für Geringverdiener (»Aufstocker«) teilweise wegfallen. Über echte Erhöhungen der Einkommensteuer-, Körperschaftsteuer- und Gewerbesteuersätze und der Verbrauchssteuern sind dann »nur« noch größenordnungsmäßig rd. 140 Milliarden € zu finanzieren. Diese Finanzierung ist über Steuererhöhungen möglich, wenn der politische Wille dazu vorhanden ist. Und solche Steuererhöhungen dürfen einem dabei wirklich nicht als Schreckgespenst erscheinen – denn im Gegenzug fallen ja die Sozialabgaben als Belastung weg.

Kalte Einkommenssenkung für Beamte

Der besondere Charme dieses Modells ist es, dass höhere Steuersätze auch die Beamten treffen, während sie durch die Anrechnung der Sozialversicherungsbeiträge auf die Einkommensteuer keinen Vorteil haben. Insgesamt würden sie damit in verfassungskonformer Weise stärker belastet und die Einkommensschere zwischen Beamten und Arbeitnehmern würde kleiner werden. Ebenso, wie jahrzehntelang die Einkommen der Beamten »kalt« erhöht wurden, so werden sie auf diesem Wege wieder gesenkt.

Zusammenfassender Forderungskatalog

Niemand will den Beamten etwas wegnehmen. Es geht nur um eine Absenkung ihrer Ansprüche auf ein vernünftiges Maß. Denn entscheidend ist, was hinten rauskommt. Die Lebenseinkommen von Beamten und Arbeitnehmern müssen im Endeffekt auf einem voll vergleichbaren Niveau liegen. Denn unser Grundgesetz verlangt nur eine Alimentierung der Beamten. Mit anderen Worten: Die Über-Alimentierung ist verfassungswidrig.

Die sauberste Lösung wäre es, wenn für Beamte die gleichen Regelungen gelten würden, wie sie für Arbeitnehmer gelten, in allen Zweigen der Sozialversicherung, im Einkommensteuerrecht und bei der Beendigung des Beschäftigungsverhältnisses. Faktisch wäre das eine Abschaffung des Berufsbeamtentums in seiner heutigen Form.

Zu befürchten ist allerdings, dass es noch ein Weilchen dauern wird, bis sich das politisch durchsetzen lässt. Für den Übergang sind deshalb einige Sofortmaßnahmen erforderlich, um wenigstens die gröbsten Ungerechtigkeiten zu beseitigen:

- Die Angleichung der Höhe der Pensionen an die Höhe der Renten (unter angemessener Berücksichtigung der Betriebsrenten)

- Die Rentenkürzungen müssen bis zur Abschaffung der Pensionen übergangsweise »wirklich wirkungsgleich« in das Beamtenrecht übertragen werden

- Umsetzung der Abschaffung der Berufsunfähigkeitsrente in das Beamtenrecht

- Übertragung der Beitragsbemessungsgrenzen auch in das Beamtenrecht

- Die Familienzuschläge müssen abgeschafft werden (oder alternativ an alle Bürger gezahlt werden, nicht nur an Beamte)

- Gleiches Kindergeld für alle. Es kann nicht sein – es darf nicht sein –, dass Beamtenkinder mehr wert sind als andere

- Veränderungen der Beitragssätze zu den Sozialversicherungen und Leistungskürzungen für Arbeitnehmer müssen äquivalent auf Beamte angewendet werden

- Die steigende Lebenserwartung darf den Abstand zwischen Renten und Pensionen nicht noch vergrößern. Die bisher dadurch eingetretene Vergrößerung des Abstands muss rückgängig gemacht werden

- Anrechnung der Wehr-/Zivildienstzeiten bei Rentnern und Pensionären in gleicher Höhe

- Sogenannte Vor-Dienstzeiten dürfen die für die Pension maßgebliche Dienstzeit nicht erhöhen. Ein öffentlich-rechtliches Treueverhältnis besteht in diesen Zeiten eben nicht

- Die besonderen vorgezogenen Altersgrenzen für bestimmte Beamte lassen sich nicht rechtfertigen, kosten aber viel Steuergeld. Sie sollten gestrichen werden

- Abschaffung der Beihilfe: Die Beihilfe gehört nicht zu den »hergebrachten Grundsätzen« des Beamtenrechts. Sie kann mit einfacher Mehrheit abgeschafft werden. Bis dahin:

- Harmonisierung der Leistungen der Beihilfe mit dem Leistungskatalog der gesetzlichen Krankenkassen. Es kann nicht sein, dass die Beihilfe bessere Leistungen erbringt, die gesetzlich Krankenversicherte nur gegen teure Zusatzversicherungen erhalten

- Versetzungen von Beamten müssen uneingeschränkt möglich sein; auch wenn sie mit Einkommensverlusten verbunden sind

- Abschaffung der kostenlosen Heilfürsorge

- Übertragung des Zusatzbeitrages für kinderlose Arbeitnehmer in der Pflegeversicherung auch in das Beihilferecht

- (Fiktive) Erhöhung der Beamteneinkommen für die Einkommensbesteuerung um mindestens 25 %, um den Progressionsvorteil für den Arbeitnehmeranteil am Sozialversicherungsbeitrag zu mildern

- Auch sämtliche übrigen Alimentationsleistungen müssen der Einkommensteuer unterliegen, entsprechend der Behandlung der »geldwerten Vorteile« bei Arbeitnehmern

- Verminderung der Einkommensgrenzen für sonstige Sozialleistungen für Beamte um 20 % zum Ausgleich des Arbeitnehmeranteils an den Sozialabgaben

- Abschaffung des höheren Elterngeldes für Beamte und Berechnung wie bei Arbeitnehmern

- Erhöhung der zumutbaren Belastung für Beamte um 25 % zum Ausgleich des Arbeitnehmeranteils am Sozialversicherungsbeitrag

- Abschaffung des Versorgungsfreibetrags und des Zuschlags zum Versorgungsfreibetrag

- Abschaffung der Doppelbesteuerung von Rentnern durch Einführung entsprechender Freibeträge

- Lichtung des Zulagendschungels und Streichung von Zulagen, für die es keine innere Rechtfertigung gibt

- Zahlung der Besoldungen und Pensionen monatlich nachträglich statt im Voraus

- Übergangsregeln: Übergangsregeln können sinnvoll sein, um Härten abzufedern, und den Betroffenen die Möglichkeit zu geben, ihre Lebensplanung auf die neue Situation einzustellen. Übergangsregeln können und dürfen jedoch nicht den Zweck haben, ungerechtfertigte Privilegien bis ins Unendliche zu verlängern. Reformen für Arbeitnehmer und Rentner sind sofort und wirklich wirkungsgleich, ohne Zeitverzögerungen und Übergangsregelungen, in das Beamtenrecht umsetzen

- Einführung eines »kleinen Witwengeldes« auch für Beamte, analog zur gesetzlichen Rente

- Übertragung der Anrechnungsvorschriften für eigenes Einkommen bei der Frührente und der Hinterbliebenenrente auch in das Beamtenrecht

- Absenkung der Besoldung, um der Arbeitsplatzsicherheit angemessen Rechnung zu tragen

- Regelungen der Lohnfortzahlung im Krankheitsfall auf Beamte übertragen; Zahlung der Besoldung nach sechs Krankheitswochen nur in Höhe von 70 % bis zur Höchstdauer von 78 Wochen

- Abschaffung des Sterbegeldes auch für Beamte und Abgeordnete

- Begrenzung des Anteils der Mandatsträger aus dem öffentlichen Dienst auf ihren Bevölkerungsanteil

- Die Beschäftigten der Rundfunkanstalten dürfen weder Beamte noch Quasibeamte sein

- Die Rechtsprechung darf nicht mit zweierlei Maß messen. Die Rechte von Arbeitnehmern und Rentnern müssen in der gleichen Weise geschützt werden wie diejenigen von Beamten und Pensionären

- Die gezahlten Sozialversicherungsbeiträge sollten direkt die Einkommensteuer vermindern, und nicht lediglich deren Bemessungsgrundlage

Und bei allen diesen Maßnahmen darf es keine Vertrauensschutzregelungen geben – denn das Vertrauen in den Fortbestand ungerechter Strukturen darf nicht geschützt werden.

Nachwort

Im Beamtenrecht gibt es keine funktionierende Gewaltenteilung. Denn die meinungsbildende Klasse, die Mitglieder der fünf Gewalten, haben gleichgerichtete Interessen, weil sie entweder Beamte oder Quasibeamte sind oder ihre Karriere von Beamten abhängt. An den Schaltstellen unserer Gesellschaft sitzen Beamte, Quasibeamte und Beamtenabhängige.

Deshalb ist die zu Beginn des Buches aufgestellte Forderung, Beamte sollen so viel verdienen, wie sie es auch außerhalb des öffentlichen Dienstes könnten, in der Praxis auch nicht umgesetzt. Beamte verdienen unter Berücksichtigung ihres Schatteneinkommens wesentlich mehr. Der entscheidende Systemfehler ist, dass die Alimentationsleistungen als geldwerte Vorteile in den Besoldungen *nicht enthalten* sind, sondern dass sie *zusätzlich* zu der nominalen Besoldung gewährt werden.

Selbst ohne Berücksichtigung der Alimentationsleistungen ist das Nettoeinkommen von Beamten sogar etwas höher als das von vergleichbaren Arbeitnehmern. Doch das ist eben nur die halbe Wahrheit.

Denn in einen redlichen Vergleich darf man nicht nur die »nackten« Besoldungen und Gehälter einbeziehen, sondern man muss auch an sämtliche Einkommensbestandteile denken, die nicht offen ausgewiesen werden – die Alimentationsleistungen, das Schatteneinkommen. Diese Leistungen müssen zwingend bei dem Vergleich von Beamten zu Arbeitnehmern berücksichtigt werden. Und dann zeigt sich, dass Beamte bei weitem überbezahlt sind.

Das ist nicht nur ungerecht. Wir können uns das auch nicht mehr leisten. Die Personalkosten für die Beamten sind bereits jetzt eine unerträgliche Belastung der öffentlichen Haushalte. Und es rollt eine Pensionslawine auf uns zu. Die Kosten für die Beamtenpensionen werden in den nächsten Jahrzehnten immens steigen. Sie sind nicht mehr bezahlbar. Die effektiven Besoldungen und Pensionen müssen schon deshalb schnellstmöglich auf ein vernünftiges Niveau zurückgefahren werden. Ungerechte und nicht zu rechtfertigende Privilegien sind zu streichen. Alternativ hat Prof. Bernd Raffelhüschen einen »Beamten-Soli« ins Spiel gebracht (SPIEGEL 36/2015). Eine grauenhafte Vorstellung.

Nach dem Alimentationsprinzip müssen Beamte in jeder Lebenslage »amtsangemessen« versorgt werden. Sie müssen aber nicht gepampert werden. Und gegen den Alimentationsgrundsatz steht der Gleichheitsgrundsatz. Vergleichbare Dinge müssen auch rechtlich gleich behandelt werden. Der finanzielle Ertrag aus der Tätigkeit des Beamten und des Arbeitnehmers muss letztlich miteinander vergleichbar sein. Das Alimentationsprinzip muss dahinter zurückstehen. Entscheidend ist, was hinten herauskommt.

Denn es geht nicht um ein abstraktes Prinzip – es geht um konkrete Gerechtigkeit.

Frank Niessen

Entmachtet die Ökonomen!

Warum die Politik neue Berater braucht.
Mit einem Geleitwort von Prof. em. Dr. Peter Ulrich

2016, 168 Seiten
Klappenbroschur
17,95 € [D] / 18,50 € [A]
ISBN 978-3-8288-3623-5

Warum gelingt es unseren Ökonomen nicht, sinnvolle Auswege aus der aktuellen Schuldenkrise zu finden? Warum schaffen sie es nicht, historische Weltwirtschaftskrisen wie die jüngste Finanzkrise auch nur vorauszuahnen? Warum scheitern sie seit Jahrzehnten bei dem Versuch, entscheidend zur Beseitigung von Massenarbeitslosigkeit, Armut und extremer Ungleichheit beizutragen? Und warum predigen sie ständig Wirtschaftswachstum, obwohl jeder weiß, dass die natürlichen Ressourcen unserer Erde endlich sind?

Für die Krisenlast unserer Tage machen wir gerne die herrschenden Politiker verantwortlich. Dabei offenbaren die Dauerkrisen doch auch ein gravierendes Versagen der Wirtschaftswissenschaft, die der Politik beratend zur Seite steht. Frank Niessen beleuchtet die Ursachen für dieses Versagen und zeigt, dass wir die Grundfragen unserer wirtschaftlichen Ordnung auf keinen Fall den herrschenden Ökonomen überlassen dürfen. In anschaulicher Sprache führt er uns auf ein Feld, auf dem unsere Zukunft zum Besseren oder Schlechteren entschieden wird. Dabei entwickelt er Leitlinien für eine humanere Wirtschaftswissenschaft und liefert streitbare Überlegungen zur globalen Bekämpfung der Armut wie auch zum wirksamen Schutz der natürlichen Umwelt.

Dr. Frank Niessen (Jg. 1981) wandte sich trotz Studienbestnoten und einer Promotion in VWL als Mittzwanziger vom akademischen Betrieb ab. Er fand die Grundlagen seiner Disziplin zunehmend fragwürdig. Erst die Tatsache, dass kaum ein Ökonom die Finanzkrise 2008 vorhergesehen hatte, brachte den freien Autor und Lehrer zu seinem alten Forschungsfeld zurück. Niessen lebt mit Familie im belgischen Eupen.

Harald Trabold

Kapital Macht Politik

Die Zerstörung der Demokratie

2014, 563 Seiten
Klappenbroschur
19,95 € [D] / 20,60 € [A]
ISBN 978-3-8288-3330-2

Die Macht des Volkes ist längst zu einer Phrase in Sonntagsreden verkommen. In den westlichen Demokratien herrscht nicht mehr das Volk, sondern das Kapital. Politiker regieren die Bürger, aber Finanzmärkte und Großkonzerne regieren die Politik. Lobbyisten steuern die Gesetzgebung zum Wohl der Großkonzerne, PR-Agenturen machen Kapitalismus-Propaganda, die Unterhaltungsindustrie stellt das Volk ruhig und das Bildungssystem erzieht ökonomisch verwertbaren Nachwuchs. Es ist der klare Blick eines erfahrenen Insiders, der das Warum dahinter aufdeckt. Seit 2005 ist Trabold Professor für Volkswirtschaftslehre mit zahlreichen Veröffentlichungen u. a. zu den Themen Globalisierung, Wettbewerbsfähigkeit, Finanzkrise. Zudem ist er als Berater für UN-Organisationen, die Europäische Kommission und das Wirtschaftsministerium tätig gewesen.

»Harald Trabold – Ökonomie-Professor an der Hochschule Osnabrück und ausgewiesener Fachmann für internationale Wirtschaftsbeziehungen – beschreibt detailreich, fesselnd und bildhaft, wie der Kapitalismus sich anschickt, die Demokratie auszuhebeln. [...] Dieses Buch ist für jeden an Politik und Wirtschaft Interessierten ein großer Gewinn.« *Herbert Wilkens – Netzwerk Grundeinkommen*

Prof. Dr. Harald Trabold, geboren 1958, Studium der VWL in Regensburg und Boulder (USA), danach für die KfW (Frankfurt) und UNCTAD (Genf) tätig. Seit 2005 Professor für Volkswirtschaftslehre an der Hochschule Osnabrück. Zahlreiche Veröffentlichungen zu den Themen Globalisierung, Finanzkrise. Beratungstätigkeit für verschiedene UN-Organisationen, Europäische Kommission etc. Seit 2011 Leiter des als Reaktion auf die Finanzkrise neu konzipierten Studiengangs Angewandte Volkswirtschaftslehre an der Hochschule Osnabrück.

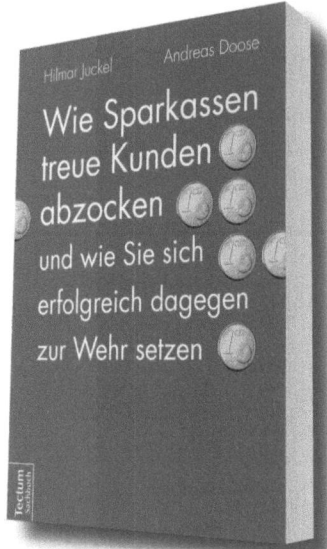

Hilmar Juckel / Andreas Doose

Wie Sparkassen treue Kunden abzocken und wie Sie sich erfolgreich dagegen zur Wehr setzen

Die Zerstörung der Demokratie
2015, 204 Seiten
Klappenbroschur
17,95 € [D] / 18,50 € [A]
ISBN 978-3-8288-3453-8

Millionen Sparkassenkunden zahlen jedes Jahr zu hohe Zinsen und bekommen fast nichts für ihr Erspartes. Sie fühlen sich bei Beratungsgesprächen über den Tisch gezogen und zahlen horrende Gebühren für Kleinigkeiten. Der Schaden für die Kunden liegt nach Expertenmeinungen bei mehreren Milliarden Euro im Jahr. Sind auch Sie einer von 30 Millionen Sparkassenkunden? Und besitzen eine der 45 Millionen EC-Karten? Dann sollten Sie Ihre Bankunterlagen, Kontoauszüge und Zinsabrechnungen schleunigst kontrollieren. »Schluss mit blindem Vertrauen«, rät der Unternehmensberater Hilmar Juckel. Es wird Zeit, die dunklen Seiten der Sparkassen zu beleuchten. Sein Buch lädt ein zu einem »Kassensturz« anderer Art und garantiert Sparkassenkunden eine neue Sicht auf ihr Kreditinstitut. Zahlreiche Praxistipps und ergänzende Kommentierungen von Fachanwalt Andreas Doose geben Ihnen das passende Werkzeug an die Hand, um sich endlich gegen die zweifelhaften Geschäftspraktiken der Sparkassen zur Wehr zu setzen.

Hilmar Juckel, Jahrgang 1958, Studium der Betriebswirtschaft in Kiel, arbeitet seit über 25 Jahren als Unternehmensberater, ist Gründer und Co-Gründer zweier Start-Up-Unternehmen, und hat während seiner beruflichen Laufbahn vielfältige Erfahrungen mit Kreditinstituten, insbesondere der Sparkasse, gemacht. Juckel berät Firmen vor allem, wenn es darum geht, den Kundennutzen zu optimieren und die Kundenzufriedenheit zu erhöhen.

Andreas Doose ist Bankkaufmann, Rechtsanwalt und Fachanwalt für Steuerrecht. Er hat sich auf die Gebiete Steuer- und Wirtschaftsrechts sowie Bank- und Kapitalmarktrechts spezialisiert.